U0360278

近处看名家

钟振奋 著

上海交通大学出版社
SHANGHAI JIAO TONG UNIVERSITY PRESS

内容提要

本书是一位资深编辑回忆与多位名家交往故事的散文集。作者在数十年的编辑生涯中，与许多名家得以近距离相处，留下了深刻的印象，并产生深厚的情谊。通过编辑的视角，作者介绍了名家们的创作经历与日常细节，反映了20世纪末至21世纪初诸多当代文学事件，同时挖掘了名家们不为公众所知的生动一面，用平实的笔法勾勒出不凡的名家风范。

图书在版编目（CIP）数据

近处看名家 / 钟振奋著. —上海：上海交通大学
出版社，2024.3
ISBN 978−7−313−30483−4

Ⅰ.①近⋯ Ⅱ.①钟⋯ Ⅲ.①名人—事迹—中国—现
代 Ⅳ.①K820.7

中国国家版本馆CIP数据核字（2024）第058785号

近处看名家
JINCHU KAN MINGJIA

著　　者：钟振奋
出版发行：上海交通大学出版社　　　　地　　址：上海市番禺路951号
邮政编码：200030　　　　　　　　　　电　　话：021-64071208
印　　制：上海颛辉印刷厂有限公司　　经　　销：全国新华书店
开　　本：880mm×1230mm　1/32　　印　　张：8.25
字　　数：151千字
版　　次：2024年3月第1版　　　　　　印　　次：2024年3月第1次印刷
书　　号：ISBN 978-7-313-30483-4
定　　价：39.00元

版权所有　侵权必究
告读者：如发现本书有印装质量问题请与印刷厂质量科联系
联系电话：021-56152633

序

赵启正

钟振奋同志的《近处看名家》一书马上就要出版了。这是她退休以后所发掘的与名家们交往的精彩故事，是一本真正属于她自己的书。对于此书我早有盼望，这会儿落实了，我真高兴。

她所写的这些名人，有些是我熟悉的，因此读来自然更有一种"文如其人"的亲切感。她的文章也曾得到不少名家的赞许，其中《天下无贼》的作者、著名作家赵本夫的评价颇有代表性："确实写得好！你可继续做下去。用你的视角去重新认识和发现作家作品。文坛也是江湖，抱团取暖互相起哄吹捧，也是久了。你用一股清泉流过文坛，殊为珍贵。"

写名家能得到名家本人的认可，是一种成功，而能得到读者的认可，则是更大的成功。此书收录的文章有不少选自她最近在报刊上开设的"看名家"专栏，有的已被《作家文摘》《报刊文摘》以及新华网、环球人物网等媒体转载，有好几篇在"今日头条"上发表后产生了很好的社会反响。有的文章刊载后短短几个星期便收到了上千条读者点评，其中很多意见颇为中肯，我深有同感。试举其中的几例：

"文章写得既生动又不失严谨，毫无夸饰更为难得。"

"资深编辑的文笔如此优美！"

"高水平的编辑与高水平的作家，情感交融，评论得体，了不起！"

"人物访谈，能和人物心意相通，难得。"

细心的读者不难从这些文章中发现，钟振奋在写作中对于与名家们交往时的一些细节有着独到的观察与把握。她就是通过这样生动真切的描绘，把一个个名家带到了读者面前。

由此我回想起了2005年在探讨出版我的第一部书稿《向世界说明中国》时，在我的办公室与钟振奋第一次见面时的情形。认真细致、功底深厚、有条不紊是我对她的最初印象。我记得就是在那一年她评上了编审职称。人所共知，新闻出版署评选正高职称一向严格，而她刚到41岁就获得了这么高的肯定，她突出的业务能力由此可见一斑。

有人说"编辑是作者的保姆"，从某种程度上说的确如此。一本图书从作者交付稿件到印刷出版的整个过程，往往需要几个月的时间，有的甚至需要几年。耐力十足的责任编辑为此付出了大量的心血。这一过程用"如切如磋，如琢如磨"来形容是比较合适的。《向世界说明中国》便是一个很好的例子。此书是根据我在上海浦东新区和国务院新闻办工作时的大量演讲和对话记录素材选编而成的。作为责任编辑，钟振奋在从众多的原始记录选编时有着多重考虑：既要具有时代特征，又要保持口语的简洁与流畅，匹配多数读者兴趣，还要避免内容相近的原始篇章，同时还得让读者有亲临现场的感觉；更进一步，还要跨文化地理解对话双方的文化背景，兼顾各国政要、企业家、新闻记者甚至宗教领袖等不同身份的对话者的语言特色；而她帮助拟定的近 60 篇文章的题目更是画龙点睛，让读者一看就被吸引住。

此书付梓前一位老出版人担心内容不够通俗，认为百位数的印刷册数为妥；而对书稿的内容已有深入、全面了解的钟振奋则明确地说："此书会有广泛的读者，尤其是对于经常参与对外交流活动的人士来说很有参考价值，同时也会对新闻从业人员有所助益，在发行方面完全可能取得突破性的成绩。"这获得了当时张海鸥总编的支持。果不其然，此书出版后社会反响不错，首印的 5 000 册很快便供不应求，在多次加印的情况下也便引出了《向世界说明中国》"续编"的编辑出版。这两本书先后重印了十多次，甚至于今年 9 月又重印了一次。编辑这类"杂项"文稿的汇集，做不好就会像食之无味的"拼盘"，而做好了则如经过了好裁缝的精心剪裁，令书稿内容熠熠生辉，即使衣锦夜行也能广走四方广受待见。

我与美国著名神学家路易·帕罗的对谈实录《江边对话》的出版过程，更体现了钟振奋以倒计时方式打硬仗的能力。她以一人之力兼任了中英两个文版的责任编辑。因为计划在当年的北京国际图书博览会上推出这本书，留给她的只有短短两个月的时间。为了让此书在形式上与内容相得益彰，她一边编辑文稿、推敲文字，一边到各大网站浩瀚的图片库里精心挑选合适的图片用作插图，其工作任务之艰巨可想而知。但她早已习惯了承担此类急、难、重的活。新世界出版社的前总编周奎杰曾说：钟振奋是我最信任的好编辑。她确实从不辜负这样的信任，交给她的出版任务，总是能优质而又高效地完成，可以说是"不须扬鞭自奋蹄"。到了此书印制前的关键阶段，她更是分秒必争，早上6点就往单位跑，晚上都是12点过了才休息。当她把刚从印刷机上下来、还散发着油墨香的样书递到我们两位作者手里时，才真正算是松了一口气。此书出版后在世界范围产生了广泛的影响。值得一提的是，各大出版社采用的都是钟振奋编定的版式和内容（包括所有的插图）。据一位专门研究海外馆藏的专家统计，此书被一百三十多个国家的图书馆收藏，其中英文版已被收入美国国会图书馆藏书。

我常跟一些作者讲，如果你的书能让钟振奋来当责任编辑，你就有福了，你会得到很多的帮助。从写作时内容、篇幅及结构的调整，乃至书名和大小标题的拟定、图片的选择、版面的处理等等，她都会有周到妥帖的安排。对于作者认真负责，对于稿件精益求精，是她始终秉持的一种工作态度。名家们之所以愿意把其他的出版社都想争取的书稿优先交给她，当然也是出于对她的编辑能力的信任。

有一次我到外文局开会时，曾经顺道在她的办公室做了短暂的停留。我很想了解一个编辑日常的工作状态，便试着坐在她平常工作的椅子上做了一番观察。除了书柜中陈列的她所编辑的上百本"他人嫁衣"外，她的桌子上堆积的一沓沓书稿就像一座座小山，只留出中间很小的一个空间。我担心她会"迷失"在稿件的密林中。她笑笑说，不会啊，上面都有标记呢。我一看，果然如此。有好几份是一套丛书的作者们寄回来的修订稿以及待核对的校稿清样，有一些则是她正在润色的初稿。这可以说是"杂而有章"了。看到她在一部部书稿上所留下的对文字的"打磨"印记，我也更深切地体会到了"好的编辑是不署名的作者"的真实含义。

大多数读者在购买图书时首先注意的是作者和出版社，很少留心谁是此书的责任编辑。其实责任编辑对于一本书从初稿（有时候甚至是"粗"稿）到编辑成型以及怎样以最好的品相呈现有着重大的贡献。他们还会把如何与各类作者（包括名家大师）打交道的成熟经验和心得在不知不觉间传递给你，让你受益匪浅。也许钟振奋还应该从编辑业务的角度，写一本

"编辑实践"，把她 30 余年丰富的编辑经验分享给大家，这对于刚走出校门、踏入出版行业的年轻人来说一定会大有裨益。

我期待着她的绽放，祝她更上层楼！

2023 年 12 月于上海

目　录

杨宪益的诗、酒、情

"每见是非当表态，偶遭得失莫关心。"

"民以食为天，我唯酒无量。"

"卅载辛勤真译匠，半生漂泊假洋人。"

"少小欠风流，而今糟老头。学成半瓶醋，诗打一缸油。恃欲言无忌，贪杯孰与俦。蹉跎惭白发，辛苦作黄牛。"

杨宪益先生是享誉海内外的翻译大家，但鲜为人知的是，他的成名作——《离骚》英译本的诞生却是由于24岁时的一次突发奇想，用他自己的话说是"出于好玩"。

那时他正在牛津大学就读。他与戴乃迭合作，用英雄诗体译出了《离骚》，让英国人大吃了一惊，这本书至今仍屹立在欧洲各大学图书馆的书架上。他精通英、法、德、意等多国语言，中译英作品有《红楼梦》《楚辞》《聊斋故事选》《儒林外史》等，外译中的作品则有荷马的《奥德修纪》《古罗马喜剧三种》《萧伯纳戏剧两种》《近代英国诗钞》等。就译文的精湛与文学功底的深厚而言，后生们是难以望其项背的。他可以称得上是一位译界巨擘。

※

1915年1月，杨宪益出生于天津一个相当富裕的家庭。他的几代祖辈都是清朝官员，祖父和几位叔祖都通过殿试当上翰林，是少见的"五子登科"之家。他的父亲杨毓璋精通诗词格律，酷爱京剧，曾经留学日本，后来担任天津中国银行行长。他的三位叔叔也曾有留学法国、德国和美国的经历。杨宪益在上私塾时跟着一位优秀的塾师学写旧体诗，悟性极高的他很快就能写出"乳燕剪残红杏雨，流莺啼断绿杨烟"这样令老师激赏的诗句了。出于少年的顽皮心性，他也曾和他的英文家庭教师开玩笑，拿她的名字"徐剑生"做上联，很得意地对

青年杨宪益

了个"快枪毙"的下联。

1928年，杨宪益进入英国基督教伦敦会创办的天津新学书院学习，接受了正规的西式教育。杨宪益在博览群书之余，对中外诗歌表现出了浓厚的兴趣。他很喜欢李贺、李商隐、龚自珍、苏曼殊的诗，赞赏黄遵宪的"我手写我口"的诗歌主张。他曾经以五言古诗的形式写过一首诗《雪》，寄托了自己的政治理想："寒流来西北，积气化凝铅。天风忽吹坠，飞下白云巅。化身千万亿，一落一回旋。……愿得身化雪，为世掩阴霾。奇思不可践，夙愿自空怀。起视人间世，极目满尘埃。"由此也可见出他所崭露的诗歌才情。

除了中国古典诗词的熏陶，年轻的杨宪益还大量阅读了西方诗人的作品，喜欢上了浪漫主义诗人济慈、雪莱等人的诗，并开始用英文写诗作文。他曾把自己喜爱的一些英文诗歌翻译成旧体诗，最初的试笔是翻译朗费罗、弥尔顿等人的诗，以及莎士比亚戏剧中的诗，还根据英译本转译过古希腊诗人萨福的诗。对于他来说，在中西文化之间自由地穿梭，是一件非常开心的事。当然，这样自觉的训练也为他后来写诗、译诗的文学生涯打下了坚实的基础。

比如他曾译过莎士比亚名剧《暴风雨》中的诗句："尔父深葬五寻水，骸体依然神已死。森森白骨化珊瑚，沉沉双目化明珠。化为异物身无恙，幽奇瑰丽难名状。鲛人时击丧钟鸣，我今圊之丁当声。"

这样形神兼备的诗意表达充分展示了杨宪益深厚的中西学养。

※

从新学书院毕业后，杨宪益曾考取燕京大学，未读，1934 年自费赴英国留学。1940 年他获牛津大学文学硕士学位后回国，同时还"携带"了一位漂亮的英国姑娘回来，那便是后来成为他夫人的戴乃迭（英文名为 Gladys Margaret Tayler）。

值得一提的是，戴乃迭出生在北京，7 岁后才回英国。她的父亲是一位传教士，曾经在燕京大学教过书，这也促成了戴乃迭与中国的一生情缘。她在牛津求学时是杨宪益在法国文学课上的同学，因为热爱中国文化，后来干脆改学中国文学，成了牛津大学获得中国文学学位的第一人。戴乃迭喜爱古老而神秘的中国，她爱上年

杨宪益、戴乃迭夫妇

轻潇洒、出口成章，还能讲一口流利英语的杨宪益，似乎是顺理成章的事。她母亲曾经反对她嫁给中国人，觉得她日后会后悔。但戴乃迭态度很坚决，她说："爱上了中国文化，才嫁给了杨宪益。"于是她的英文名字后加上了丈夫的姓氏变成了 Gladys Yang。杨宪益为她起了一个中文名字——戴乃迭，尽管常有读者来信将她的名字误写成"戴乃选"。

娶了英籍妻子的杨宪益在日常不断的"切磋"中，英语也更加精湛，几近出神入化。中西文化的互感就像"随风潜入夜"的春雨，使得他们俩的差异在中译英工作中迅速转化成了巨大的优势，并由此开启了最佳的组合模式：先由杨宪益译出初稿，再由戴乃迭修改润色。这样的翻译模式堪称珠联璧合，像广为称道的《红楼梦》全译本、《儒林外史》全译本以及《鲁迅选集》（4卷）等"名译"就是这样产生并传播到全世界的。

1982年，杨宪益发起并主持了"熊猫丛书"的出版工作，开辟了向海外系统介绍中国文学的一个窗口。"熊猫丛书"面向150多个国家和地区发行，既译介中国古典文学作品，也翻译鲁迅、巴金、沈从文、孙犁等现代名家名篇，并且使得中国当代作家们由此走向海外，他们的作品几乎与国内同步为各国读者所熟悉。像张洁的《爱，是不能忘记的》、古华的《芙蓉镇》以及收入张抗抗、王安忆、铁凝、迟子建等女作家代表作的《女作家作品选》系列，都很受国外读者的喜爱，曾经多次再版。

※

二十世纪八十年代中期我被分配到《中国文学》杂志社工作，有幸与杨宪益先生成为同事。创刊于1951年的《中国文学》在其鼎盛期曾集聚了国内外众多的著译名家，最初由茅盾、叶君健担任主编和副主编。重要的稿件都是由杨宪益夫妇以及后来加入中国籍的美裔翻译家沙博理担任主译，同时有英国的詹纳尔、美国的葛浩文、新西兰的路易·艾黎等著名汉学家助阵。担任选稿任务的编辑中也不乏作家、诗人，编译阵容相当强大。

在外文局的大楼里，杨先生就跟普通员工一样，一点儿也看不出"名人"的影子。他的身形并不高大，衣着非常朴素，说话语调也比较平缓，是一位很温和宽厚

杨宪益主编的《中国文学》杂志

的长者。虽然他不用坐班，但也时常到单位来，处理一些工作上的事，顺便收取一些信件：各种会议的邀请啦，出版社、杂志社寄赠的书刊啦等等。他的夫人戴乃迭女士满头漂亮的银丝，个子高高的，非常引人注目。她不太爱说话，但见了面会冲你微笑点头。她会在固定的时间到办公室来"领任务"，然后把稿子拿回家翻译。有兴致的时候她还会自己挑选几篇喜欢的小说翻译，她更喜欢描写现实生活的作品。翻译之余，她也写过一些文章在我们的刊物上发表，如《一个西方人对〈红楼梦〉的看法》《新出女作家谌容及其小说〈人到中年〉》《〈新凤霞回忆录〉前言》等，她的文章对于西方读者更好地理解这些作品颇有助益。

　　杨先生住在外文局大院内的专家楼里时，每年元旦都会和夫人一起到社里来参加"新年会餐"。每次，杨先生都会带上几瓶好酒分给各个语文部，还会让同事到

出狱后的杨宪益在工作

他家里拿一箱柑橘让大家分享。

杨先生好酒是出了名的。据说他在"文革"中蒙冤入狱时，因刚在家喝过闷酒，身上尚余酒气，还被同狱的犯人误以为是喝酒闹事才被抓的呢，说他的酒气"好闻极了，一定是高档货"，还问他"多少钱一两"。有人因此戏称他为"酒气最香的犯人"。身陷囹圄，不能与酒相伴，杨先生便"以诗解忧"，教犯人们背诵唐诗，向他们讲解《长恨歌》。他自己独处时则默念莎士比亚的诗句。这样的修为与境界自非常人所能比拟。

杨先生每次喝酒都会脸红，但并不醉倒，大概他所追求的是一种"仙"的境界吧。杨先生为人处世颇有魏晋之风，黄苗子就称他为"现代刘伶"，还为他画过一幅题为"酒仙"的漫画。画中的杨先生抱着一个酒坛子自乐，活脱一个酒翁形象，真正应了他诗中的一句话"有烟有酒吾愿足"。习惯以酒待客的他当然还会以诗唱和："我家有大曲，待君日已久。何当过敝庐，喝它三两斗。"这是写给他天津新学书院的同学、翻译家王以铸的。当别人问到他的长寿秘诀时，他的回答出人意料："抽烟，喝酒，不运动。"

杨先生是个好客而又大度的人，他们家的书柜里放满了各种各样的外文书和原版录像带。我曾到他家去借过几盘录像带，杨先生为我打开柜门指点着，一边说："随便拿，随便拿。"有时候我们几个年轻同事一起约好了去他家看录像，杨先生便会拿出酒，戴乃迭女士则拿出巧克力、花生等食品招待我们。这花生还是杨先生在回家路过农贸市场时亲自买的呢。因为是原版带，有的地方不好懂，杨先生便在一旁为我们"同声传译"。他的言行就像一个让人很感亲切的长者，全然没有大翻译家的架子。戴乃迭的中国话说得比较慢，有时还会"抱怨"说，因为常跟杨宪益说英文，她的中文变差了。这自然是她一贯的谦虚。其实她的中文一点儿也不差，不时还会说出一些很幽默的话来，把大家逗乐。那真是一段令人难忘的快乐时光。

※

虽然对于杨宪益先生来说，由于把主要的精力都投入了翻译事业中，翻译家的盛名多少遮掩了他作为诗人的光芒，但他的诗歌才华也会在工作之余时不时地"横溢"，令读者们惊喜。如果说杨先生称他的翻译是工作，

"因为乃迭喜欢，我也就做了"，那么写诗则是真正体现他才气与性情的雅事了。

1995年在香港出版的诗集《银翘集》，收录了杨宪益先生在不同时期写作的130多首旧体诗，既有针砭时弊、金刚怒目式的愤世之作，也有酣畅淋漓、直抒胸臆的快意文字，更有不少诙谐幽默的打油诗，从中可见他旷达、洒脱的处世风格。

之所以起名为《银翘集》，杨先生在序言中自己解题：与黄苗子写诗唱和时曾有诗"久无金屋藏娇念，幸有银翘解毒丸"，"银翘是草药，功效是清热，我的打油诗既然多半是火气发作时写的，用银翘来败败火，似乎还合适"。

他在《题丁聪为我漫画肖像》中是这样总结自己的："少小欠风流，而今糟老头。学成半瓶醋，诗打一缸油。恃欲言无忌，贪杯孰与俦。蹉跎惭白发，辛苦作黄牛。"在《七夕二首》（之一）中他写道："织女星沉天一方，牛郎今作卖油郎。花魁留给他人占，只挂羊头酒更香。"他还写过一首《读〈废都〉随感》刊登在《文艺报》上："忽见书摊炒《废都》，贾子才调古今无。人心不足蛇吞象，财欲难填鬼画符。猛发新闻壮声势，自删辞句弄玄虚。何如文字全删除，改绘春宫秘戏图。"从中可见他犀利、幽默的文风。

杨先生曾经谈及他抗战时期在贵阳师范学院教书时的经历。那时候他与同在贵阳的学者、诗人尹石公先生等人常常聚会，时有唱和，集中写了不少旧体诗，也许可以算是杨先生的一个高产期吧。常常是十分钟内便可依原韵和一首七律，他笑称自己因此"吃了不少白酒白饭"。像这样敏捷的诗思，完全称得上是"倚马可待"啊！

1993 年，香港大学曾因杨宪益先生"对于开拓学问知识和人类福祉有重大贡献"以及"在文学和历史学上的杰出成就"而授予他名誉博士学位。一向诙谐的杨先生在参加完隆重的"加冕"仪式后还不忘写诗自嘲："相鼠有皮真闹剧，沐猴而冠好威风。"

除了写诗、译诗之外，杨先生在中西诗歌的比较研究方面也颇有心得。他曾经写过一篇论文《试论欧洲十四行诗及波斯鲁拜体与我国唐代诗歌的可能联系》，刊登在 1981 年第 2 期的《中国文学》英文版上。杨先生认为，鲁拜体与唐绝句同出一源，在形式与思想内容上都有过明显的影响。李白的某些诗与意大利的十四行诗也有着形式上的关联。他的新颖独特的观点引起了学术界的关注。他还做过大量的笔记，准备用全新的视角写一部"中国诗歌史"，后因种种原因没能完成，一直引为憾事。

※

杨先生是个淡泊名利的人。作家谌容的中篇小说《散淡的人》，就是以他和夫人为原型而写的。他从来不提自己的壮举与善行：比如抗美援朝时曾倾其所有给国家捐了一架飞机，比如用自己的工资长期接济生活窘迫的朋友。在别人看来是珍贵的物品，杨先生随手就送人了，毫不介意。他曾经把自己珍藏的200多件书画文物无偿捐献给了故宫博物院。他即兴写的诗更是随写随扔，靠朋友们收集才留了下来。有的诗还是他当年细心的同学抄写留存，后来再寄还给他的。王世襄曾为他题字"自古圣贤皆寂寞，是真名士自风流"，可谓他一生的真实写照。

杨先生才华天纵、著译等身，但他一向谦退不伐、虚怀若谷。有人说过，如果杨先生把他的精力放在学术研究上，完全可能成为像钱锺书那样的大学者。当年他在北碚国立编译馆时写的文章已达很高的学术造诣，但他在编成集子时却自称为"零墨新笺""译余偶拾"。他曾从希腊文译荷马的《奥德修纪》、从拉丁文译维吉尔的《牧歌》，还从中古法文译法国英雄史诗《罗兰之歌》。但对这些堪称卓越的成就，杨先生看得十分淡然，他谦称："我也没做什么太多的事，也就是翻了点德文，翻了点法文，翻了点希腊文，翻了点意大利文，要不就翻点英文什么的；数量也不太多，也就是把《红楼梦》《老残游记》和《儒林外史》给译成了洋文，介绍到欧美去了……"把多少译者穷其一生都望尘莫及的成就用这样的几句话平平道出，这是怎样的气度与胸怀！

退休以后杨先生和戴乃迭的身体渐渐不如以前了，来单位时上下楼梯也感到了吃力。好在他们的住所就位于一楼，出门还比较方便。在此期间，杨先生应意大利友人之邀开始用英文写他的自传 *White Tiger*（中国内地译为《漏船载酒忆当年》，中国香港译为《白虎星照命》），回忆了自己七十余年的坎坷经历。"每见是非当表态，偶遇得失莫关心。"这两句诗恰好表明了杨先生作为一个知识分子的担当意识。就像他用一生的行为所证明的那样，在重要的历史时刻，杨先生会一改平日的"散淡"与温和，他的言行举止中充满了诗人的激情。言人所不敢言，有所为、有所不为，既是一种大勇，更是直抵人心的高义。

戴乃迭曾用英文断断续续地写过一部分自传，因身体原因未完成，后来以《我觉得我有两个祖国……》为题发表在《文汇报》上，引起了很大反响。1999年，戴乃迭的去世对杨先生的打击很大，他曾写过一首缅怀诗："早期比翼赴幽冥，不料中途失健翎。结发糟糠贫贱惯，陷身囹圄死生轻。青春做伴多成鬼，白首同归我负卿。天若有情天亦老，从来银汉隔双星。"可见伉俪情深。近六十年的人生岁月，生活中举案齐眉、形影不离，在中文外译事业上更是相互砥砺，比翼双飞。失伴的痛苦让晚年的杨先生难以释怀，他从此放下了译笔。他的精神也大不如前，更多的时候是待在家里，喝喝闷酒、会会朋友，出门的次数也变得越来越少了。

2009年11月23日，杨先生因病去世，享年95岁。送别的那一天，我和以前的同事们都去了，大家都想最后再看一眼这位令人尊敬的老前辈、老同事。看到杨先生安详地躺在鲜花丛中，仿佛还是平时那个为人谦和的长者，还是那个把身外之物看得很轻的散淡的君子，就像他从未离去一样。他的风范将永远留存在怀念他的人们心中。

汪曾祺的真性情

"说得夸张一点，可以说这两本书（指《沈从文小说选》和屠格涅夫的《猎人笔记》）定了我的终身。"

"我始终认为，用笔、墨、颜色来抒写胸怀，更为直接，也更为快乐。"

"我什么功也不练，只练'买菜功'。我不爱逛商店，爱逛菜市。看看那些碧绿生青、新鲜水灵的瓜菜，令人感到生之喜悦。"

汪曾祺为江苏高邮人，与北宋著名词人秦观是同乡。位于大运河畔的高邮因驿站而得名，它还是著名的咸鸭蛋产地。有人曾请汪曾祺排列高邮名人的先后顺序，他谦虚而又不失幽默地把自己排在了鸭蛋的后面："秦观第一，鸭蛋第二，我第三。"

※

　　都说大学的中文系不培养作家，但汪曾祺是个例外，他是真正由西南联大中文系培养出来的一位名作家。他自己曾说："我要不是读了西南联大，也许不会成为一个作家，至少不会成为一个像现在这样的作家。"当然这也得归因于他遇到了一位好老师——教他写作的沈从文，是沈从文让他知道了"小说还可以这样写"。

　　汪曾祺在读中学时就是沈从文的超级"粉丝"，抗战避难时都没忘记带上一本《沈从文小说选》。1939 年他从上海经香港、越南辗转来到昆明参加考试，考中了第一志愿——西南联大中国文学系，终于见到了心仪已久的沈从文先生。

　　汪曾祺不但成为沈从文的入室弟子，还是其得意高足。沈从文在中文系开了三门课——各体文习作、创作实习和中国小说史，汪曾祺全都选了。"贴着人物写"便是汪曾祺在课上习得的写作"诀窍"，令他受益无穷。有一次沈从文为汪曾祺的课堂习作打出了 120 分的史上最高分，甚至说他写得比自己还要好。

汪曾祺自称"颇具歪才，善于胡诌"。大学期间，闻一多先生的名言"痛饮酒，熟读《离骚》，乃可以为名士"以及把晚唐诗与后期印象派画作相联系的讲授方式令他记忆深刻。而他最感得意的一件事是当"枪手"的经历：在闻先生的唐诗课上，他替一位低年级同学代写读书报告，其中对李贺诗歌颇具创见的评价——李贺的诗是画在黑底子上的画，故颜色特别浓烈——受到闻先生激赏，说是"比汪曾祺写得还好"。

※

汪曾祺其实是在新时期被重新"发现"的一位作家。他从二十世纪四十年代就开始发表作品，到八十年代的写作属于"春来老树发新枝"，自然出手不凡。当时他接连发表了《受戒》《异秉》《大淖记事》等带有散文诗性质的小说，立即引起了文学界的极大关注，并被视为文笔老到、风格独具的一位老作家。尽管汪曾祺自己心态很年轻，并不愿意被冠以"老"的名号。

1986 年，在上海召开了一次中国当代文学国际研讨会，这次会议是对新时期文学创作"井喷"现象的一次集中检阅。来自全国各地的著名作家、评论家以及来自海外的汉学家纷纷到会，大家情绪高昂，气氛异常热烈。汪曾祺先生以贵宾的身份参加了各种活动，在会议间隙还即兴创作了不少画作题赠给文友们——这也是他在写作之外最喜爱的一种抒情方式。

汪曾祺（左三）与部分参会的北大中文系系友

　　我是代表英文、法文版的《中国文学》杂志来参加会议的，准备向海外报道此次研讨会的盛况。在会上我还见到了陈丹晨、吴泰昌、乐黛云、谢冕、季红真等众多从北大中文系毕业的评论家和学者。兴奋之余，我们这些系友便提议在会后一起合影留念。

　　会议一结束，系友们说说笑笑来到会场门口的巨幅海报前准备拍照。就在摄影者即将按下相机快门的那一刻，在一旁留意着我们言行的汪曾祺先生突然"跳"进了画框中，说了声："我也是北大的！"那神情就像个活泼的顽童。我们这时才发觉在无意间把汪曾祺先生给"遗漏"了：对啊，他可是西南联大出身啊！

　　我们这些后辈自然是热烈欢迎这个带点调皮的"老同学"的加入。我连忙上前请汪先生站到中间位置。汪先生笑着轻声说："不用，不用。"他不想影响大家已经排好的队列。只见他紧走几步，一侧身站到了他的"小老乡"黄蓓佳的身旁。于是，这张充满了欢乐气氛的北大中文系系友合照便诞生了。

※

汪曾祺与他的江苏老乡赵本夫的"师徒之谊"，堪称文坛的一段佳话。在南京见到赵本夫时，我曾经向他问及此事。赵本夫非常珍视这一段情谊，他激动地对我说："我可是正式向汪先生拜过师、行过礼的！"

他对当年的情景记忆犹新："1982年春天，当我到北京去领全国短篇小说奖时，与一同获奖的林斤澜、刘绍棠、汪曾祺到北海公园游玩。他们都是长者，我当时才三十多岁，当然只有听的份儿，而且是非常虔诚的。记得是林斤澜先生提议说：'小赵，你是写乡土生活的，汪曾祺也是写乡土生活的，你拜个老师不好吗？'在一旁的刘绍棠先生也随声附和。汪曾祺先生连忙说不要不要。我一听此言自然是喜出望外，连忙退后几步，恭恭敬敬地朝汪先生鞠了一躬。汪先生走过来一把牵住我的手，朗声笑道：'咱们可是同科进士，以后互相学习！'此言一出，几个人都大笑起来。"

后来，当赵本夫因短篇小说《"狐仙"择偶记》引起争议，在当地受到不公正对待时，汪曾祺写信安慰他说："你很幸运，刚写小说就有人批评。"

汪曾祺题赠给赵本夫的画作

1990 年，当赵本夫离开家乡徐州到南京担任江苏省作协专职副主席时，汪曾祺特意画了一幅画并题写了一首诗送给他："人来人往桃叶渡，风停风起莫愁湖。相逢屠狗毋相讶，依旧当年赵本夫。"

"我知道这是他对我的期望。南京是个衣锦繁华之地，不管人来人往，风停风起，要守住自己的本色，坚持自己的文学理想。"赵本夫动情地说。

汪曾祺一直很关注赵本夫的创作，曾再三叮嘱他："你的作品不要离开家乡，你看我至今还在写高邮。"这无疑是汪先生向爱徒面授的经验之谈了。

2018 年，赵本夫凭借力作《天漏邑》荣获首届"汪曾祺华语小说奖"唯一的长篇小说大奖，这可以视为他们俩"师徒缘"的接续了。

由于居住条件的限制，汪曾祺先生一开始没有自己的书房。当他构思好了作品，往往没有一张桌子可以让他落笔。他的女儿曾经记过一件趣事，说有时候她上夜班刚睡起来，汪先生就急急忙忙地冲进屋里，铺开稿纸就写。家里人笑他说，那情形就像一只老母鸡，憋好了一个蛋，却没有窝来下。

而等他"下完了蛋"，情形又如何呢？汪先生自己有个描述："一个人在写作的时候是最充实的时候，也是最快乐的时候。凝眸既久，欣然命笔，人在一种甜美的兴奋和平时没有的敏锐之中，这样的时候，真是虽南面王不与易也。写成之后，觉得不错，提刀却立，四顾踌躇，对自己说：'你小子还真有两下子！'此乐非局外人所能想象。"

这真称得上是一幅栩栩如生的作家自画像了。

※

汪曾祺的小说属于少而精的类型，笔墨俭省，但旨趣深远，回味悠长。他的作品一经《中国文学》英文、法文版译介，便受到了海外读者的欢迎。他的短篇小说代表作《大淖记事》发表于 1981 年 4 月号的《北京文学》，在《中国文学》英文版的译载日期为 1981 年 10

月。从中文定稿到翻译出版、送到海外读者手中，仅用了6个月的时间！这在当年绝对可称神速，自然这也得力于编辑与翻译们对汪曾祺作品共同的喜爱与推举。

1988年，我们的"熊猫丛书"准备翻译出版汪曾祺的作品集，其中英文版书名定为《晚饭后的故事》，法文版的书名为《受戒》。两个版本的书名之所以不同，是因为考虑到英语国家的读者喜欢较为平实客观的叙事风格，而法语国家的读者偏爱情感细腻的描绘。英国的学者在为此书作推介时直截了当地称汪曾祺为"另一个沈从文"；而法国的译者则指出《受戒》"写水虽不多，但充满了水的感觉"，这样贴切细致的阅读感受让汪先生大呼意外，因为连他自己也从来没有意识到这一点。

我们的外文版作品集的序言通常都比较简短，汪先生却别出心裁，把它变成了一篇洋洋洒洒长达7 000字的文章！他借用京剧中角色出台时常用的"自报家门"的手法，把自己的家学与师承、作品背景及创作风格交代得极为清晰，为西方国家的读者更好地理解作品内涵、顺利进入小说情境作了周到妥帖的铺垫。虽然这篇序言的字数大大超出了范围，但我们杂志社却意外收获了一篇精彩的"作家小传"。记得这篇序言寄达时，我们主任特意打印出来让编辑们先睹为快。大家兴奋地争相传阅，吟味不已。这样热烈的"文学场景"在我们编辑部是不多见的，足见汪先生的文章所具有的独特魅力。

1999 年，我主编了一套英汉对照的当代作家作品系列（共 20 册），把通过《中国文学》译介走向海外的汪曾祺等作家全部囊括在内，以表达我们的敬意。

※

"写小说就是写语言。"汪曾祺对于语言有着高度的自觉。他认为作品的语言映照出的是作者全部的文化修养。"语言像树，枝干内部汁液流转，一枝摇，百枝摇。"他的小说之所以能牢牢"吸"住读者，令人欲罢不能，就跟他雅到极致又俗白到家的语言有关。

他曾经把使用语言与"揉面"相比："面要揉到了，才软熟，筋道，有劲儿。"他在下笔之前经常要打腹稿，把语言反复"抟弄"，甚至是"想得几乎能背下来"才写的。这也就不难解释为什么他的文字常常显得有"咬劲儿"，韵味十足，令人过目不忘。

现代京剧《沙家浜》中阿庆嫂的唱词堪称经典："垒起七星灶，铜壶煮三江。摆开八仙桌，招待十六方。来的都是客，全凭嘴一张。相逢开口笑，过后不思量。"这样的句子就是汪曾祺反复"抟弄""揉熟"的结果。

下面再举几个具有典型汪氏风格的例子：

"受过伤的心总是有瘢的。人的心，是脆的。"
（《随遇而安》）

"璺"这个词一般用于陶瓷、玻璃等器物上出现的裂纹，此处借指人心的裂痕非常贴切。

> "筷子头一扎下去，吱——红油就冒出来了。"（《端午的鸭蛋》）
>
> "晚饭花开得很旺盛，它们使劲地往外开，发疯一样，喊叫着，把自己开在傍晚的空气里。"（《晚饭花》）
>
> "《边城》的语言是沈从文盛年的语言，……每一句都'鼓立'饱满，充满水分，酸甜适度，像一篮新摘的烟台玛瑙樱桃。"（《又读〈边城〉》）

这样文白兼具、精准独到的语言是有魔力的。而他在大理书写的对联"苍山负雪，洱海流云"、在武夷山写下的诗句"四围山色临窗秀，一夜溪声入梦清"更是令人击节赞叹。难怪他的好友、同为京派作家的林斤澜称之为"下笔葳蕤，文成葱茏"。

汪曾祺是个通才。这一点可谓得其父亲真传。诗、小说、散文、戏剧等各种体裁的文学作品精彩纷呈自不必说，汪曾祺精通书画，懂医道，喜美食，年轻时还喜欢唱戏、吹笛，用作家贾平凹的话来说，是属于"修炼成老精"的"文狐"级别。身具这样的才情，自然是"心有余闲，涉笔成趣"，写什么都能写得十分讲究。

苏东坡曾在写给他的侄子的一封信中说："大凡为

文，当使气象峥嵘，五色绚烂，渐老渐熟，乃造平淡。"繁华落尽见真淳。

上面的这段话用来概括汪曾祺先生的文学生涯，也是非常贴切的。

张承志的日常

"文学、教育和信仰的原则都是：与穷人在一起。"

"胸无大义，何为作家？"

"我想做个多文化的儿子，不愿在狭隘中生活。我希望自己的作品中表现丰富的文化相貌。"

"要紧的只有一件：生活哪怕是一块巨石，也只会被我们敲出火花，而绝不会把我们压趴下！"

穿着深色服装，戴着黑色墨镜，一张轮廓分明的脸配上板寸，骑着辆有点旧的二八男车，穿行在北京西城的简易楼之间，远远望去有点"酷"，像是《教父》中的人物——这是张承志给我印象最深的形象。尽管随着生活阅历的增加，总的感觉是张承志在处事方面的态度有些变化，似乎更加谨慎了，对许多事情都抱着一种警惕的姿态，但他的真诚与随和依然没变：握手依然很热情，笑声依然很爽朗，话语依然有着很强的感染力。

※

从 1986 年的初次相识到现在，一晃，三十多年过去了。

记得当时我刚从大学毕业分配到《中国文学》杂志社工作。因为要向国外读者介绍张承志的作品《北方的河》，同时要配发一篇介绍作家及其创作情况的文章，编辑部主任便向张承志写信，说了我们的计划。不久张承志寄来了他的诗人朋友写的一篇文章。我们的主任看了觉得不能用，可能是因为朋友之间彼此太熟悉，这篇文章情绪化的东西比较多，写得不太客观，有点像各种印象片段的组合，不符合我们的用稿要求。这样就有点麻烦了，因为是通过张承志约写的，退稿似不合适，委婉地转达了我们的想法，但作者不同意按要求加以修改。几次商讨未果，最后编辑部决定让我这个刚毕业的大学生去采访一次张承志，以此解决这个棘手的问题。

这是我职业生涯中的第一次采访，采访对象又是位名作家，心中难免有些忐忑。但当我在一个冬日的上午，踏着雪凝成冰的路面，穿越半个北京城，终于来到张承志位于南三里屯的简陋住所（他戏称为"贫民窟"）时，张承志的热情与诚恳立即打消了我所有的顾虑，并由此开启了我与他长达数十年的交往。

我的那篇题名《跋涉》的采访文章刊登后，受到了不少鼓励：被国外读者来信称赞"文笔漂亮"，在局里的优秀文章评比中得了个二等奖，并被收入《对外传播文选》一书；最让我感到荣幸的是，张承志把我寄给他的打印稿存放在了他的文件夹内。他告诉我，他只收藏了三篇文章，另两篇分别是青年评论家蔡翔的《一个理想主义者的精神漫游》和南帆的《张承志小说中的感悟》。

接下来，因编辑《黑骏马》英文版与《北方的河》法文版，我们之间有了更多的联系。

当时张承志发表了一篇观点颇为激烈的文章《美文的沙漠》，在文坛引起了较大的反响。他认为，从根本上来说，美文是"不可译"的。这一看法的产生也是由于缺少学识修养方面功力深厚的译者。无奈的是，张承志也得过翻译这道关啊。当许多作家想进军海外市场，纷纷"降格以求"时，他拒绝过不少"不懂"他作品内涵的外国汉学家的翻译请求。他当时对《黑骏马》英文版译者的要求是：宁肯中文差，也一定要"外文真的好"。他还特意在英文版序言中用一个蒙古族关于马的故事告诉外国读者：他希望他们能有一种牧民的"tanihu"（"认"的能力），不管毛色如何变化，都能一眼"认"出马的本质。

虽然对变成英文后"马的颜色"多少持怀疑态度，但张承志对选用他的一幅油画作为封面却是赞不绝口，像孩子一样激动，让新书与他夜夜"共眠"，甚至觉得他自己的原画不如书上印的好。他写信告诉我，当他把新书拿给日本友人看时，"大受称赞！每个人都说好极了"，这个英文版也成了他在日本"被人传说最多的一本书"。

※

说起画画，也是件很有意思的事情。张承志曾经不无骄傲地跟我说，他所拥有的梵高画册比美院的学生都要全。他甚至还说过这样的话：梵高有一幅未完成的作品，那就是我。足见其对梵高作品的偏爱。由于醉心于色彩，张承志索性开启了自己的副业——绘画生涯。他曾经认真地去听过几次课。在了解了油画的一些基本手法后，他便开始在家狂热地画上了，他的书房中到处挂着他的"习作"。他说画画是为了让脑子休息，顺便也给房间作装饰。后来这一装饰也延伸到了图书的装帧设计中，那便是他在旅途中匆匆画下的人物及风景的速写。当然画得最多的是他熟悉的题材：在内蒙古的插队

张承志油画作品

生活以及西海固地区的苍凉风景。其中有一幅题名《太阳下山了》：画面上一个牧人骑着一匹褐色瘦马，拖着一根乌珠穆沁式的长马竿，背影伛偻，走向一片前途未卜的黄昏。这幅画曾有几个日本人欲出高价购买，终因张承志不愿"割爱"而未成交。他的另一幅作品《暴风雨前的白马》曾经参加海军系统的油画作品展，并获得了二等奖。

　　他还经常拿他的画作送人，送过后也就忘记了。有一次，他的一个朋友到日本友人家拜访，进到屋内，发现玄关处的墙上挂着张承志的一幅油画，惊喜之下立即拍了张照片发给张承志。后来这张照片被张承志存在电脑里当屏保了。

　　张承志的才情是多方面的。他在本业——民族历史研究方面颇有建树，曾经用日文写过《在中国信仰》等学术著作。他实地考察的研究方式也为日本同行所敬佩。在文学创作方面，除了在小说创作上声誉卓著（他写草原生活的小说曾让蒙古族老作家感叹"我写不过承志"），他的散文写作更是得心应手，挥洒自如，并且时常把这两种文体的作品写得具有诗的质地。

而在创作之余，张承志还有不少好的摄影作品。《北方的河》法文版的封面就选用了他自己拍摄的"极雄伟"的黄河照片。摄影散文集《大陆与情感》更是以图文并茂的形式对他丰富的人生履历作了一次集中展示，其中最为传神的照片当数他为"二十八年的额吉"所拍摄的肖像。后来他还据此创作过一幅油画，那是他非常珍视的作品。

除了摄影与绘画，张承志的书法作品也很受欢迎。扬州仙鹤寺就留有他书写的一副对联：仙鹤舒尾振翅，汶水归道扬波。横批是阿拉伯语，意为：若真主意欲。可谓风格别具。以题墨古寺的方式提议一个古城抢救方案，更显示了他的用心良苦。有意思的是，他的书法与他平时写字的风格惊人的一致，很劲道，"都是骨头"。更令人称奇的是，他能用汉、蒙、日、阿四种文字书写对仗工整的诗句！这样强大的语言能力在当代作家中堪称独步，但他笑言自己的书法不过是"糊壁农户做窗花"。他跟我说，写对联送给农民朋友是为了表达一点心意，每次下乡的时候吃住在朋友家总觉得有点过意不去。

当我完成了必要的工作任务后，最愉快的事情便是分享张承志的音乐收藏了。当初在他的"贫民窟"那间十来平方米的卧室兼书房里，挂着一把吉他，一张梵高的小型油画，这些都是张承志多次描绘过的心爱之物。另外还有一幅我不太熟悉却又一下子被吸引了的日本歌手冈林信康的演出肖像，题名为"不戴手套的拳头"。黑白分明的线条勾勒出一个男子的侧面轮廓，低垂的眼帘，握着话筒的手，整个神情显得激情而又忧伤。我们的话题便很自然地从这幅肖像引发了开去。记得当时张承志为我挑选了一张唱片，用家中唯一的奢侈品——"山水"组合音响（他在日本进修时"啃"了一年的方便面省钱换来的）进行播放，于是冈林那略带沙哑的男音便在室内流淌了起来。

后来我更常去的地方是他位于海军大院的家。当时印象最深的是，他很爱抽莫合烟，经常是一边跟我聊天，一边撕张纸精心地卷着烟叶"自产自销"。他还爱喝自己煮的咖啡，很推崇海南生产的兴隆咖啡。客人来时，他总要煮上一壶。当咖啡浓郁的清香开始在室内流溢时，他便会打开音响，放一段鲍勃·迪伦的歌曲，听得最多的是那首著名的《再来一杯咖啡》："上路之前，再来一杯咖啡……"见我喜欢，他就去拿出珍藏的唱片与磁带供我挑选，还为我翻录了不少好听的日文及英文歌曲磁带。录好后他还不厌其烦地在每盒封面上一一写好歌名，可谓耐心细致之至。

1990年张承志从日本辗转去加拿大时，大概是他

张承志发给笔者的电子贺年卡

思想最为激烈的时期。揣着零基础的英语投身于陌生的英语世界，为生存所迫甚至去餐馆打工，其艰难程度可想而知。因此那时候他的信件多流露出谋生、奋斗的不易，对现实的愤懑不平之气时常溢于笔端。但他在泥潭中挣扎时仍不忘安慰鼓励我，说一些令人感动的温暖话语，字迹虽然潦草，笔触却极为有力，有几次信纸都被戳破，跟在日本时写来的精美信件（从形式到内容）有着天壤之别。

※

除了两本小说集的外文版，我还担任过张承志两本散文集的责任编辑。

1998 年，张承志把他的散文集《以笔为旗》的书稿交给了我。前面的编辑阶段都很顺利，发行征订情况也很理想，但到了最后的出版环节，我们单位某位领导担心张承志在序言中表达的观点太尖锐，觉得应该稍"削"其锋芒，以更易接受的表达方式出现。张承志自然是坚决捍卫其思想的完整性，不可能顺应这样的要求。于是，这本"万事俱备，只欠一印"的准图书没能如愿出版。我这个责任编辑也就只能把付印清样当作小小的纪念加以留存了。

此书很快由另一家出版社出版了。虽然这一次的合作留下了遗憾，但张承志对我的信任依旧。2004年，他把一本最新创作的散文集交给了我。这便是他先后花六个月时间、两次奔赴西班牙及摩洛哥等地旅行的收获——《鲜花的废墟》一书。这是一部被情感浸透的笔记，文字的犀利深刻，思想的激烈表达，处处显露出"张承志式"批判的立场与锋芒。

那段时间，张承志一直被"地中海""安达卢斯"情结所缠绕，不仅待客用的是专门从摩洛哥带回来的茶具，说话时还会不时冒出几句西班牙语，跟国外的朋友通信时经常提及"正在写安达卢斯的书"。他的热情与喜爱一直延续到了出版过程中。从选择图片到审核文字（包括其中涉及的阿拉伯文、西班牙文、蒙文、日文等用语）甚至是封面设计，张承志都积极参与，认真投入。最后排版时正值穆斯林的斋月，其时他正患感冒，但他还是坚持在电脑前与编辑一起修改、调整版面，一坐就是一整天，令大家深为感动。

"热爱底层，尊重他者"，这是张承志的一贯立场。

张承志（右一）在古巴莫罗城堡与当地的孩子在一起

他的文学生涯便是以蒙文诗《做人民之子》为开端的。他喜欢和小老百姓话家常、交朋友，始终把在内蒙古乌珠穆沁草原插队时接纳他的额吉和哥哥当作自己的亲人看待，还有他愿意推心置腹的朋友：黄河边的淘金者，黄土高原上的农民，伊犁草原和阿尔泰山里的牧人……

他的朋友可以说是遍布全国各地。在北方大陆奔走时，他会捎带上许多旧衣服送给贫穷的农民。反过来，他的朋友们有事也会和他商量，比如生意上的贷款、儿女的嫁娶、职业的选择等等。也许他不能帮上忙，但可以帮他们出一些主意。他在内蒙古、宁夏、新疆等地都有自己的"根据地"，当地乡亲专门为他留有屋子请他前往。

作为一个穆斯林，张承志谨遵教规：用天课赈济穷人或需要救助的人。在拿到《鲜花的废墟》稿费时（当时他说这是他一次性收到的最大数额的稿费），他就跟我说要拿出其中一部分去帮助穷苦百姓。因此当他收到"一生不可再超过的书"——《心灵史》的 80 万元稿费时，他决定以此达成自己的一个夙愿：以实际行动帮助巴勒斯坦难民。2012 年，他终于得遂所愿：远赴巴勒斯坦，把折合成 10 万美元的稿费，以"手递手"的方式亲手交给了饱受战乱之苦的难民，对巴勒斯坦人民进行了最为直接的援助，这也是令他最感自豪的事。"人生一度越死海，男儿几时遂初心"，这既是张承志为自己数十年的作家行旅生涯画下的一个完美句点，更是一次令人油然而生敬意的壮举与善行。

铁凝的细节

"文学如灯，文学照亮生活，照亮人性之美。这个世界上没有什么能够阻挡一个写作者相信爱、相信理想、相信生活，只要有文字存在，文学就永远不会消亡。"

"我还是那么热爱短篇小说，因为我相信，在某种意义上，人生可能是一部长篇，也可能是一连串的短篇。生命若悠长端庄，本身就令人起敬；生命的生机和可喜，则不一定与其长度成正比。"

我与铁凝的相识始于三十余年前的一次采访。

在二十世纪八十年代初的文坛，铁凝属于崭露头角的青年女作家。1983年，《哦，香雪》获得了全国优秀短篇小说奖；1985年，《六月的话题》和《没有纽扣的红衬衫》分别获得全国优秀短篇小说和中篇小说奖；1985年和1988年，由她的两篇小说改编成的电影在全国公映（《红衣少女》和《村路带我回家》）。各种采访、邀约纷至沓来，年纪轻轻的她已经是相当忙碌的名人了。

作为国内唯一一家对外介绍中国文学的刊物——《中国文学》的编辑，我们自然注意到了铁凝的创作，先是选译了她的两部中短篇小说，准备以"女作者作品专号"的形式隆重地向海外读者推出。

因为要配发相应的介绍文章，编辑部便派我到河北保定对她做一次专访。

那一年铁凝刚满30岁，是我所采访的名作家中最年轻的一位。

虽然已是声名鹊起，但铁凝显然是一位沉得住气的作家。我来到她家的那天下午，她正在写创作生涯中的第一个长篇《玫瑰门》。因为想要把计划中的章节写完，等到她终于搁笔从书房出来相见时，我已经在客厅与她当声乐教授的母亲聊了好一会儿。"成如容易却艰辛。"借此我也了解了一部长篇小说的"生产"过程。

※

初见铁凝，你会很自然地被她那双明亮有神、顾盼生辉的眼睛所吸引。在作家圈里，铁凝是一位公认的美女。用台湾作家林海音的话说，"眉是眉，眼是眼"。据说作家谌容与她同住时特意做过检验，近距离观察过她洗脸的情形，证实她没有用假睫毛来装饰，美目完全"出自天然"。

铁凝爱美，平时很注意自己的穿着。有一次她穿了件白色的呢绒短大衣来见我，看上去非常优雅出挑。我立即夸她衣服好看。她却有点不好意思地说，这件衣服可花了300元呢！言下之意有些心疼。确实，在当时这个价格对普通人来说属于偏高的类型。但因为穿着实在好看，她的心中也便稍感释然。由此她跟我说起一件旧事，以证明挣钱的不易：独自住在北影招待所为自己的小说当编剧时，实在是觉得寂寞又辛苦，几次想过放弃，但为了那5 000元的稿费，最后还是咬咬牙忍了。

铁凝在选用"作者照片"时，很注重自己的形象，事先都会反复斟酌，力争体现最好的审美效果。记得当时她曾寄给我两张照片：一张准备用在杂志上，是参观画展时所摄，黑白生活照长发飘飘的形象很清纯；另一张是站在盛开的水仙花旁边的彩色照片，穿着件漂亮的绿衬衣，色彩、构图都恰到好处，表情也很生动传神，准备用在英文版小说集的封底。她特意在来信中注明一

铁凝的生活照

定要按她剪裁好的构图制版。因为喜欢，这张照片后来在她的不少集子中都出现过。

※

　　长年生活在河北的铁凝，其实出生在北京，住到四岁才回到河北保定。后来因父母去干校，她又被送到北京的外婆家，在西城区的小胡同里住了几年。这也是后来她的小说常以北京为背景，经常会写到北京胡同生活的深层原因。

　　作为一名作家，铁凝既感谢生活对她的馈赠，更感激曾经对她奖掖有加的前辈。与许多才华横溢但成长艰辛的作家相比，铁凝无疑是幸运的，因为她在写作之初就得到了两位名家的推许与鼓励。正是他们别具的慧眼让铁凝顺利地踏上了文学创作之路。

　　一位便是以《小兵张嘎》名世的徐光耀，另一位则是《荷花淀》的作者孙犁。

当铁凝在家里兴奋地念她第一篇用小说的方式写的作文《会飞的镰刀》时，她的画家父亲铁扬欣喜之余立即带她去拜访了自己的好友——著名作家徐光耀先生。

徐光耀先生的一句话"你写的已经是小说了"成了铁凝命运的转折点。从此她一心一意地做起了作家梦，立志当中国的"女高尔基"。

当作家要有生活。高中毕业的她义无反顾地去了河北博野县张岳大队插队，当了四年地地道道的农民。当她的农村女友捧着她带有十二个血泡的手心疼得落泪时，她的心里是骄傲的，尽管在她后来回顾这段生活时把自己当时的举动概括为"真挚的做作岁月"。

也正是由于有了这丰厚的生活为基础，所以她在后来创作"三垛"系列——《麦秸垛》《棉花垛》《青草垛》时显得那么的底气十足。

1982年铁凝创作了短篇小说《哦，香雪》，但这篇后来为她带来巨大声名的作品在当时并未引起足够的关注，最初也未能入选全国优秀短篇小说评奖的备选篇目。是老作家孙犁的赞赏与肯定为小说带来了转机，也由此改变了铁凝的文学道路。

孙犁在给铁凝的信中写道："今晚安静，在灯下一口气读完了你的小说《哦，香雪》，心里有说不出的愉快。这篇小说，从头到尾都是诗，它是一泻千里的，始终如一的。这是一首纯净的诗，是清泉。它所经过的地方，也都是纯净的境界。"

这已经不是一封普通的信件了，这是发生在老作家与新作者之间意义深远的一段佳话，流露出的是孙犁在面对一棵文学幼苗时由衷的欣喜与呵护之情。每当提及此事，铁凝都是满心的感激。

※

铁凝是一个很重视细节的作家。她的小说中常常有令人赞叹的细节表现。

在她的经典短篇《哦，香雪》中，细节起着重要的刻画人物心理的作用："如今，台儿沟的姑娘们刚把晚饭端上桌就慌了神，她们心不在焉地胡乱吃几口，扔下碗就开始梳妆打扮。她们洗净蒙受了一天的黄土、风尘，露出粗糙、红润的面色，把头发梳的乌亮，然后就比赛着穿出最好的衣裳。有人换上过年时才穿的新鞋，有人还悄悄往脸上涂点胭脂。尽管火车到站时已经天黑，她们还是按照自己的心思，刻意斟酌着服饰和容貌。"

小说《省长日记》中的细节更是体现了俏皮幽默的特点，读后令人忍俊不禁："前进袜厂几十年如一日地生产一种'前进'牌线袜，这种袜子穿在脚上透气性能还好，可是你一开始走路它就开始前进，它随着你的步伐，慢慢从脚腕儿褪至脚后跟，再褪至脚心最终堆积至脚尖。或者，它也可能在你的脚上旋转，平白无故的，这袜子的后跟就会转到你的脚面上来。如若这时你恰好当众抬起了你的脚，谁都会看见你的脚面上正'趴'着一只脚后跟。这可像个什么样子啊，它呈现出的怪异和滑稽，就好比你突然发现某个人的后脑勺上正努着一副嘴唇。"

铁凝在写作中重视细节的表达，在生活中更是如此。

《麦秸垛》英文版出版后，铁凝专程跑到北京来取我代她购买的上百本样书。当时她是与她的父亲一起到我的办公室来的，还特意带了一盒包装精美的巧克力送给我，她的贴心之举让我很是感动。

我注意到，铁凝在网上发布的个人简介里，在提及她的作品时会特意写上出版社名，在海外出版的还会加上译者名，非常严谨细致。这一小小的细节包含着对他人劳动的尊重，体现出她与众不同的行事风格。

许多年来我们一直保持着通信联系。有一段时间因为计划出版一本"铁凝精短小说集"，我们俩通过写信和电话沟通了很长时间。虽然由于某种人为因素此书最终未能面世，但当时筛选篇目、商讨内容时兴奋热烈的场景依然如在目前。

每当有新作面世，铁凝总会及时寄给我，在扉页上写上些"批评""指正"之类谦虚的字眼。我这一方呢，也总是关注着她的创作情况，争取以最快的速度把她的优秀作品译介到国外。那时，我会体会到作为编辑的幸福。

※

2001 年，生长了 49 年的《中国文学》被迫停刊。因为原先我们拥有译文版权的一些作品要转移到另一家出版社，需要和一些老作者打招呼，我负责向曾经合作过的作家一一写信征求意见。铁凝对此事很重视，特意从河北打来长途电话。我一开始没有接到，她便跟我的家人留言说"我是她的一位作者"，她谦虚低调的行事风格由此可见一斑。

2007 年，我因一本参与责编的图书获得鲁迅文学奖，受邀前往绍兴领奖。在颁奖现场，我与已担任中国作协主席的铁凝又一次相遇了。

距离上一次的见面已有 20 年的时间，我们都已从青年步入了中年。当我在一旁看到被作家们包围的铁凝，心中不免有些顾虑：经历了种种变化，有了新的身份的她还会记得"从前"吗？毕竟有太多的人都会"事过境迁"啊！待到她与众人握手寒暄已毕，我走上前去试探地问铁凝：是否还记得我这个编辑？没想到她马上说当然记得，并且立即喊出了我的名字，接着便与我热情地拥抱，关切地问候这些年的情况，完全是一种久别重逢的喜悦。因为高兴，铁凝一边说话，一边还与我牵着手走了一段路，直到走到颁奖通道才与我告别。

2010 年，我因编辑《对话：中国模式》一书与铁凝再次有了工作上的联系。这本书是国务院新闻办公室原

铁凝（右）与笔者在鲁迅文学奖颁奖现场

主任赵启正与美国未来学家奈斯比特夫妇的对话记录。
单位领导想邀请各方面具有权威的名人写推荐语，因为
知道我跟铁凝的关系，就想让我出面去请。本来我是不
好意思去麻烦铁凝的，尽管她曾跟我说过"有事可以
找她"，但我知道她平时工作繁忙，好不容易有点业余
时间得赶紧投入写作，因此不想拿这件"小事"去打扰
她。赵启正知道后巧妙地用激将法打消了我的顾虑。于
是我试着给铁凝写了一封邮件说了我们的想法，没想到
她痛快地答应了。后来她告诉我，她是很少为这种新书
推广写评语的，由此可见她是很顾及了多年的交情。

样书出来后我去向她面谢。我与她约好在她的作
协办公室见面，这时距上次在绍兴见面已过去了几年
时间。她见了我第一句话便是："你烫了头发，我结婚
了。"以此总结我们俩在生活中的改变。她并没有把结
婚视为了不得的大事，只是觉得缘分到了，也就结了。

铁凝题赠给笔者的作品

她甚至曾专门提及她跟先生都喜欢晚上喝粥这一共同的爱好。真是个注重细节的作家啊，我在心中不由得感叹。她所强调的这一共同爱好在别人眼中也许只是个小小的习惯，但在她看来正是这一习惯意味着他俩的契合程度，日常相处的自然与和谐。

跟铁凝说话，你会很快忘记她的官员头衔，因为她关心的是文学，她牢记的是自己的作家身份。我们聊天时也多是作家、作品的话题。临别时，她特意为我挑选了人民文学出版社出版的九卷本"中国当代作家·铁凝系列"，同时为我签上名字，再次写上"批评"之类的谦辞。我看到那不变的字体（其中"铁凝"二字就像行进中的两个人，出头的笔画齐齐向着右前方，颇有奋发向前的含义），不由得会心地笑了。

铁凝曾在她的英文版小说集《麦秸垛》的序言中

说，她写作的初衷是因为对这世界"有话要说"。

她是通过一部部作品来表达自己的观点的。她的诉说可以说是滔滔不绝。四十余年的创作生涯中，她已经出版了《玫瑰门》《大浴女》《笨花》等长篇小说，《麦秸垛》《哦，香雪》《孕妇和牛》等中短篇小说以及散文、电影文学剧本等百余篇（部）作品，总计400多万字。

我想，在她强烈的诉说欲望里，一定也包含着向世界传递人间的温暖和心中的感动吧。

靳羽西的"架桥"事业

"我想拿出有生命力的作品，我就要用我的生命去干。"

"只有做善事才会延长美的寿命，放大美的影响力。美也是善，也是真，做善事的人永远都是美的。"

※

靳羽西 1946 年出生在广西桂林，羽西之名就是为了纪念她的出生地广西而起的。"自由翱翔，不忘家乡"——父亲为她起名的寓意也成了她一生努力的方向。

靳羽西的父亲靳永年为著名的"岭南派"画家。靳羽西 2 岁时随全家移居香港，4 岁起学习芭蕾舞和钢琴，16 岁时到美国夏威夷杨伯翰大学学习，在音乐艺术系专修钢琴。19 岁时靳羽西代表所在的大学参加选美比赛，一举夺得"中国水仙花公主"的称号，这一经历对她后来的人生道路产生了深刻的影响。在此期间她学会了如何使用化妆品，如何接受访问，扬长避短，打扮自己。大学毕业时靳羽西拿到了两个学位：音乐和政治。但当她获得杨伯翰大学的音乐硕士学位时，却做出了一个惊人的决定：放弃音乐梦想，寻找新的人生目标。

她认识到，和那些天赋异禀的人相比，在人才济济的音乐领域自己永远无法出人头地，她直言："我认为我绝不可能成为鲁宾斯坦第二，既然你无法成为最好的，为什么还要去做它呢？"

1972 年，她来到纽约打拼，在做进出口贸易的同时，到曼哈顿的一家电视台无偿主持一个中英文节目。她很快熟悉了电视业务，并由此确定了自己的兴趣所在。不久，她就创办了自己的电视制作公司，做自己想做的节目。经过几年的准备，1978年，她所制作和主持的一档节目《看东方》进入了美国主流媒体，彻底改变了当时美国人对中国的认知。节目播出后好评如潮，靳羽西还获评该年度"全美华人风云人物"。从此她一心一意地投入到了用电视节目的形式"架起东西方之间交流的桥梁"这一事业中。

1984年12月，身兼电视节目制片人及主持人的靳羽西与中央电视台签订了一份合同。当时，中央电视台要求她用一年半的时间制作一档介绍世界各国风土人情的电视节目。对靳羽西来说，这是一个具有很大风险同时又充满魅力的挑战。对于当时的中国乃至世界来说，这都是一项具有开创意义的事业。虽然有着诸多的不确定因素，但靳羽西想做率先进行这一尝试的人。她牢记着父亲的教诲："要做第一个在月球上行走的人，因为第二个上月球的人谁也不会记住。"正是这样的激励成了她创造人生中无数个"第一"的动力。

近两年时间全身心地投入，其中的辛苦可想而知：与摄制团队一起马不停蹄地在十几个国家奔波，每次要将所有人的行李和机器设备从一个国家带到另一个国家；预订机票、旅馆，办理签证，适应当地的饮食，处理超重行李，对付脾气古怪的海关人员；时差、误点、在机场过夜都是家常便饭，每周工作七天，每天工作十四个小时，构思、讨论、计划、拍摄、写作、剪辑等工作似乎永远都做不完，更何况还有因经费问题不得不

靳羽西在拍摄《世界各地》时与新加坡动物园著名黑猩猩"阿明"共进早餐

提前回国，好不容易拍摄的录像带因机器故障而报废这样一个个"灾难性事件"……

靳羽西和她的制作团队在付出了呕心沥血的努力后终于收获了巨大的回报。用靳羽西自己的话来说，"我得到了百倍于我曾付出的"。

1986年，这一双语版的系列电视节目《世界各地》在中央电视台黄金时段播出，吸引了上亿电视观众收看（累计收视观众超过了10亿）。这档节目以其精心的主题选择和优质的制作水准，为渴望了解世界的中国人打开了一扇窗户。靳羽西亲切自然的主持风格，影响了整整一代中国电视主持人。她的发型、她的笑脸，还有用不太标准的普通话说的开场白，成了这个节目的标志，也成了人们津津乐道的话题。

美国主流媒体对她为电视行业及中美文化交流所作

的贡献进行了高度的评价："靳羽西的工作不仅有助于中国和美国，而且有助于对整个世界的了解。"（《纽约时报》）"这位妇女使中国电视，以及世界电视大改观。"（《芝加哥论坛报》）

《世界各地》节目播出后，靳羽西在中国成了家喻户晓的名字，以至她无论走到哪里，都会被大家认出。有时候走在她所居住的纽约街头，都会有人走过来对她说，"你启发了我，正是因为你，我才来到了这里。"

※

人生中的第一次，对于许多人来说都是一种难忘的经历。凑巧的是，靳羽西出版的第一本书——《世界各地》，正好也是我担任责任编辑的第一本双语版图书。

由于电视节目《世界各地》所产生的巨大影响，来自全国各地的观众在看过节目后纷纷给靳羽西写信，希望能读到《世界各地》的中英文解说词以及拍片过程中的幕后花絮。靳羽西为满足广大观众的要求，将有关内容形成书稿，并在每一集解说前增补了自己的亲身经历和随感。初稿完成后，她找到了我所供职的中国文学出版社的英文翻译，希望我们能出版此书。我社以出版英文、法文版的《中国文学》杂志以及"熊猫丛书"而为西方读者所熟知，在当时也是中国作家走向海外的唯一窗口，这也是靳羽西选择我们出版社的一个原因。

《世界各地》的内容是十分丰富的，包括 48 集节目

《世界各地》封面

的中英文解说词，涉及 14 个国家，每一集都增补了拍摄见闻，包括采访的经历、选取的角度、意外的惊喜、无奈的放弃等等，让读者有一种身临其境之感。比如清晨 5 点在埃及金字塔前拍片，进入法老墓室的晕厥经历；在巴黎的市长办公室采访希拉克时的紧张不安；与诺贝尔和平奖获得者特蕾莎修女 4 个小时的相处；到泰国皇宫采访诗琳通公主的难忘经历等等。这本书在某种程度上可以视为一个优秀的电视制作人所吐露的心声。靳羽西把自己的成功经验与失败教训和盘托出，对于从事电视新闻行业的工作者来说具有重要的参考价值。

靳羽西对节目有严格的要求，她曾说："我的节目是给中国观众看的，人们对它寄托的希望很大，一点也不能马虎，只能成功，不能失误。"

她的这一态度也延伸到了图书的制作过程中。她曾对书稿文字反复进行修改推敲，力求达到最好的效

靳羽西（左二）采访法国原总理希拉克

果。书中的图片她也一一精心挑选，连图片说明都亲自审定。我印象最深的是，就在我们制作完成即将付印时，靳羽西紧急通知我们，务必修改其中一处的图片说明（因希拉克在接受采访时是巴黎市长，节目播出后他的身份已是法国总理）。从这一细节可以见出她严谨细致的工作态度。

此书定稿的时间是 1987 年 2 月。由于文稿及图片需要从美国陆续寄来，在联络沟通上也比较费时间，再加上靳羽西本人要在夏天到北京，出版社确定的时间是 7 月份交付样书，因此留给编辑及出版的时间并不多。到了最后阶段，我和同事一起干脆到印刷厂附近的农民家住了几天，省出了来回赶路的时间。吃着柴灶烧制出来的土菜，睡在农家硬实的土炕上，读着英汉两种文字的校样，这样的感受是非常奇特的。我们那段时间都是早出晚归，有几天甚至是披星戴月地走回住地。对于我这个年轻编辑来说，那真是一段新鲜而又难忘的时光。

图书出版后，靳羽西来到了北京。她专门抽出时间与我们编辑、出版人员见了面。

虽说由于受外国同事影响，我们这些年轻的女编辑平时也会化一些淡妆，但当我见到仿佛刚从电视上走下的靳羽西，以标志性的童花头、精致的妆容、巧妙搭配的服饰出现在我面前时，还是有一种惊艳的感觉。站在大家面前，她立即成了令人瞩目的中心，仿佛她周围的色彩也一下子变得明亮了起来。与一些讲排场和派头的明星不同，靳羽西待人接物很亲切随和，黑亮的眼睛始终含着笑意。靳羽西的普通话说得不太流利，节奏也比较慢，但还是很好懂的。她很坦诚地告诉我们：现在她能用这样的普通话进行日常表达，还是她花了很大工夫现学的呢，她原先只会说"你好""再见"这样的话。为了录好30秒钟用普通话说的开场白，他们的团队曾经花了整整3个小时来录制。在每天紧张忙碌的拍摄间隙，还要"恶补"对她来说非常陌生的普通话，其中的困难与艰辛可想而知。

拿到还散发着油墨味的样书后靳羽西非常高兴，她特意向参与出版的所有工作人员一一表示了感谢。当天晚上我社专门找了家素净雅致的餐厅宴请靳羽西。这家餐厅虽然门面不大，但环境颇佳。用鲜花装饰一新的餐厅当天不对外营业，只招待她一人，体现的是家的感觉。我印象比较深的是，那天厨师精心为她准备了几道精致美味的菜肴，其中有一道菜是用鸡肉为主料做成的一个大拼盘，名为"凤还巢"。独特的造型与内涵非常切合她此次回家的主题，令靳羽西惊喜而又感动。

※

除了奉献给观众的一系列精彩的电视节目——《看东方》《世界各地》《羽西的世界》《中国的墙与桥》（获美国"艾美奖"）《变化中的中国》等等，靳羽西最为大家熟知的就是她所创立的羽西化妆品品牌了。

1992 年，靳羽西斥资 500 万美元，在上海成立了羽西化妆品公司。从一支口红开始，羽西品牌逐渐成为中国化妆品行业中的佼佼者，靳羽西也因此被称为"中国美妆界鼻祖"。在她兴办的化妆教学课堂上，她会手把手地教中国女性如何化妆，将自己对美和个性的认知传递给中国女性。

靳羽西初到中国时，很少见到大街上的女孩抹口红，大多数人都是素面朝天。如今中国女孩的妆容与衣着已与国际时尚同步。应该说这一改变有着靳羽西的一份功劳。

为了表彰她对上海经济建设和社会发展所作出的杰出贡献，2000 年 9 月，上海市政府特授予靳羽西"白玉兰荣誉奖"。

2002 年，中国邮政特别为靳羽西发行了一枚面值80 分的个性化邮票，以表彰她在中西方文化交流中的杰出贡献。她也是目前唯一一位出现在中国邮票上的在世美籍华裔女性。

靳羽西还获得了联合国和美国国会等各组织机构颁发的 20 多个奖项，比如"终生成就奖""杰出妇女奖""友好大使奖""突出人才奖""国际媒介交流奖"等等。

还有一个对她意义重大的荣誉是：2012 年，夏威夷檀香山市市长宣布将她的生日 10 月 6 日定为"靳羽西日"。

虽然获誉无数，但靳羽西始终步履不停。她不断地实现着自己一个又一个人生目标，通过投资教育和公益活动回馈社会，用自己的力量为年轻人的梦想助力。从1965 年参加选美比赛，到 2006 年担任上海国际电影节国际推广大使，再到 2011 年担任环球小姐中国区总裁和组委会荣誉主席，以及近年来成为"中美时尚慈善夜"主办人，靳羽西的人生始终与美同行。

尤为令人感动的是，她不仅仅是向世界介绍中国的美，她还把美与善结合起来，运用她长年来在各个领域积累的坚实人脉，把聚会当作文化交流、慈善事业来做，将美的力量转化为善的传递，以她特有的智慧和优雅的方式，与大家一起共同打造美的传奇。

※

从当年的"水仙花公主"到后来的"化妆品皇后"，

靳羽西总是在引领时尚潮流。无论是做电视、办企业、当评委，还是做慈善、写畅销书，在媒体、美妆、时尚、慈善等领域，她都做出了骄人的成绩，并且每一次转身都能顺势而为，精准踏上时代的节拍。她的成功究竟有什么秘诀？

因为跨界的从业经历，靳羽西称得上是"阅人无数"，并且与许多世界风云人物都有着良好的私交：奥巴马请她赴国宴，潘基文和她做邻居，希腊船王奥纳西斯、西班牙"情歌王子"胡里奥、传奇超模卡门以及众多奥斯卡影帝、影后都是她的座上宾，许多时尚、娱乐界的明星们更是以到她的豪宅做客为荣耀。如今已七十多岁的靳羽西依然活力四射，光彩照人，优雅而自信地在东西方文化之间自由穿梭。她的魅力从何而来？

从小受到的家庭熏陶当然是很重要的原因。靳羽西曾经颇感自豪地说起当年："我们的家里总是放满了美妙绝伦的绘画和艺术作品，我们从小就被灌输了对色彩和所有美的事物的敏锐感觉，喜欢用美的东西点缀生活。"

而当她长大成人，到美国上大学独自闯荡世界时，她的经历就完全是一部充满艰辛的个人奋斗史了。

为了不给抚养四个孩子的父母增加更多的经济负担，上大学期间靳羽西曾经打三份工养活自己，大学毕业后揣着 150 美元到纽约打拼，其间经历的困苦与煎熬自不待言。

最初做电视节目的时候靳羽西更是拿出了"拼命三郎"的劲头：每天工作十七八个小时，为节省成本她身兼数职，把办公室设在自己租住的公寓；中央电视台请她拍摄《世界各地》时没有经费，她就自己一家一家地去叩开赞助商的大门。

开始创立"羽西品牌"时，为了推广化妆品，靳羽西亲自站在柜台为顾客化妆。为找到适合中国女性的配方，她还常在自己脸上、手上为新产品做试验。当她拿着生产出来的第一支口红给住院的母亲看时，身体虚弱得说不出话的母亲握着她的手心疼得直落泪……

每年的上海国际电影节上，最大牌的明星几乎都由靳羽西请来，并且全都无酬出席，她的个人魅力由此可见一斑。其中最难邀请的要数法国国宝级影后凯瑟琳·德纳芙了，深居简出的她一向以美丽高傲著称。靳羽西打了 50 多个国际长途电话，发了 100 多封电子邮件才把她请动……

靳羽西常说的一句话是："我想拿出有生命力的作品，我就要用我的生命去干。"

这就是她成功的秘密。

曹文轩的双重身份

"阅读是弓，写作是箭；想把箭射远，弓得很强劲。"

"正是因为中国文学的大平台在不断升高，升到了让世界可以看到的高度，而其中一两个人，才可能因为角度的原因让世界看到了他们的面孔。如果我在洼地里写作，那我永远不可能指望有世界目光向我投来。"

"讲坛应该也是宣扬真理的地方。占住讲坛者，岂敢忘记布道！既给知识，也给品质、人格、真诚和正义。其实，没有后者，一个人怕也是很难获得多少知识的。再说，一个人即使学富五车，但全然无人之骨气，又有何用？"

对于广大的文学爱好者来说，曹文轩是位享誉国内外的儿童文学作家，并且是中国首位摘得世界儿童文学的最高奖项——国际安徒生奖的作家。

而对于我而言，曹文轩首先是站在讲台上"布道"的老师，是一位拥有学者与作家双重身份的文学教授。

※

二十世纪八十年代的北大是非常注重精神追求的，各种思想相当活跃，"兼容并包"的校训体现得非常到位。那时候中文系的师资力量十分雄厚：古典文学方面有儒雅谦和的袁行霈先生，他那漂亮的板书和动人的吟诵令我们至今怀念；现代文学方面有思想深刻的钱理群先生，他独到的见解与透彻的分析常令我们有茅塞顿开之感；讲朦胧诗的谢冕先生本身就是个诗人，一开口便进入兴奋模式，他的讲课状态完全可以用口唾珠玉、滔滔不绝来形容；而刚从美国哈佛大学与加州大学留学归来的乐黛云先生则给我们开设了一门比较文学课程，属于开风气之先，让我们受益匪浅……

在中文系"名师集结"的讲堂上，曹文轩是一位风度与温度兼具的青年教师。有点特别的是，他同时还是位作家。别看他年纪轻轻（也就比我们大个十岁左右），在儿童文学创作领域已是声名鹊起，获得过不少全国性的文学奖项，并且已成为中国作家协会的会员。他是中文系文学专业毕业后直接留校的老师，虽然他本意是想回家乡搞创作，但系里不想放走这样一个难得的人才，一直诚恳挽留，"虚位以待"。据说他在江苏老家待了一年，中文系按月给他寄去工资，就是为了等他回来。

曹老师的主业是教书，业余时间从事小说创作，因此对于教授当代文学可以说是得心应手，同时因为有着丰富的写作经验，分析作品时更是显得眼光独到。别看曹老师平时的言行举止稍显严肃，似乎属于不苟言笑的类型，讲起课来却很有激情，讲到动情处，眉宇间常有一种飞扬的神采。他很善于营造出一种文学的氛围，让你在不知不觉中跟随着他，进入他所构筑的文学世界里。他讲课时很讲究用词，就像他那总是得体的衣着。他当年给我们开了一堂"八十年代文学现象研究"的课，可以说风靡一时，在鲁迅文学院讲授时同样大受欢迎。能够同时得到学生和作家两类听众的喜爱，足见曹老师讲课的魅力。这堂课的讲义后来被整理出版，获得了北京大学首届青年优秀科研成果一等奖。

曹老师的教学与创作是交相辉映、彼此"成就"的。教学所需的学术功底为他的创作打下了坚实的理性根基，丰富的创作经验则为他的教学提供了独特的表述方式。他讲课时注重对文学作品的直觉与感悟，强调感性与体验，让作家与作品变得可触可感。

我印象最深的是曹老师讲课时所选取的新颖独特的角度。比如，他在评介海明威的小说《老人与海》时，虽然也会谈及"冰山风格"，但他更赞赏"重压之下的

二十世纪八十年代的曹文轩

优雅风度"。再如，他曾用整整一节课的时间给我们讲评青年作家张承志的名篇《黑骏马》。他完全是用音乐术语完整地诠释了一遍《黑骏马》的故事，就像是演绎一部令人荡气回肠的交响诗，有一种余音绕梁的感觉。还有一次是高晓声作品赏析课。为了让我们更深切地体会这位"农民作家"高超的语言艺术，曹老师用他那带有江苏口音的普通话，给我们朗诵了高晓声的名篇《陈奂生上城》中的一些经典段落。"'漏斗户'主陈奂生，今日悠悠上城来。"这一段朗朗上口的开场白就这样深深地印刻在了我们的记忆里。那顶被曹老师细细解读过的陈奂生的"帽子"（"帽"读"猫"音），与《创业史》中"陈改霞的辫子"一起成了同学们课后津津乐道的话题。

※

没想到在我参加工作后，曹老师成了我的一位作者。

曹文轩从 1972 年发表小说《紧弦》，到了二十世纪九十年代初，在有影响的文学刊物上发表过 120 万字的作品，早已是"名声在外"，经常会收到来自全国各地热情的读者来信，甚至有远在台湾的小朋友表达对他作品的喜爱。

当时我所供职的《中国文学》是家专门向海外读者介绍中国文学作品的刊物，大多数当代作家都是通过我们的杂志译介走向世界的，但我们对儿童文学创作关注得较少。我有意改变一下这一局面，所以当时我特意选用了曹文轩以水乡生活为背景的两个短篇小说——《网》和《第十一根红布条》，在《中国文学》1992 年第 3 期做了重点推荐，获得了较好的反响。

2002 年，我回北大时向曹老师约稿。他交给我一部书稿，那是他在课堂上讲授了两年的选修课"小说的艺术"的内容。

曹老师谈到，开设这门课的初衷是为了解决"批评与创作完全脱离"的难题，只谈纯粹的艺术问题，想与听课者一起"找回一点艺术的悟性"。每次课结束后，曹老师都会出一道题，让学生据此题意写一篇小说。

曹老师是个性情中人，他的出题方式也比较率性。他曾经谈及其中一次出题的缘起："有一次课是在一个寒冷的冬季结束的。那天我在外面散步，听到有人家正在播放《大约在冬季》这首歌，于是就确定下这学期作业的题目。布置作业时，我看到同学们都会心一笑。我马上意识到，就在我说出这个题目的一刹那，他们可能模模糊糊地想到了一个爱情故事。于是，我随即补充道：这题目与爱情无关，谁写爱情，就一分也不给。众人大笑。"

北大中文系一直以引领学生做学术研究为方向，坊间也有"北大中文系不培养作家"的传言，因此写作便成了学生们的业余爱好。有着创作与教学双重经验的曹老师是鼓励学生写作的，并且在讲课时常常怀有一份痴心：如果在台下坐着一个有创作天赋的家伙，这样的课对他不是很合适吗？因此便有了由他这位名作家带领指导的"小说作坊"。

虽然这部书稿只是曹老师在上课时收到的学生作业选粹，但他对某些学生身上所潜在的创作才能深感震惊，并且由衷地称赞这些小说"带着一种学院的纯净气息，带着一份受过理性训练的人的透彻与形而上的思索，是一些奇妙的小说"。

图书出版后我和同事一起去曹老师家送样书和稿费。进门时，我注意到他家客厅的墙上挂着一幅梵高的名作《星空》，他对梵高作品的喜爱由此可见一斑。我看到他家的桌子、椅子以及地上堆满了样书。他的夫人跟我说这是作家出版社刚刚送来的曹文轩文集九卷本，他俩正在检查清点。一向以整洁示人的曹老师对屋内的一时凌乱表示歉意，并迅速在桌上"刨"出一小块空地儿让我放下样书。

2005 年，曹文轩在哥本哈根安徒生铜像前

见他实在太忙碌，我没想多打扰他，简单交谈了一会儿，我便告辞出来了。临走时曹老师特意对我说，他要把我交给他的主编费全部分发给他的学生，他自己分文不取。他的这一决定让我很受感动。

2016 年，在第 53 届意大利博洛尼亚国际童书展上，曹文轩获得了国际安徒生奖。这也是该奖项设立 60 年来首次有中国作家获得这一荣誉。

与往届评奖情况略为不同的是，此次进入决选名单的一共有 5 位候选人，都是实力非常强劲的作家。10 位评委意见高度一致地把自己的选票投给了一位中国作家——曹文轩，这在安徒生奖的评奖史上是非常少见的。这也证明了中国优秀的儿童文学作品在评委们心目中的分量。

以此次获奖为契机，借助我社所属的中国国际出版集团在海外的发行优势，我与曹老师的博士研究生胡少卿一起编辑了一本多语种的曹文轩小说精选集——《忧郁的田园》。

蒙曹老师信任，在签订出版合同时，他把此书所有语言版本的国际出版权一并授给了我们，并没有考虑经济方面的收益。在此我要向曹老师多年来对我工作的大力支持表示深深的感谢。

※

如果说北大的厚重背景给了曹文轩自信与勇气，为他的人生提供了关键支撑的话，那么，苏北水乡的成长背景则是他取之不尽、用之不竭的创作源泉。

位于江苏省盐城市盐都区学富镇中兴街道的周伙村，是曹文轩生活了近20年的老家。"出门三里，要走五座桥"，水乡既是他的生活经验，也是他的小说背景，培育了他的审美，涵养着他的性格，也深深地影响着他的叙事方式与情感表达。这也是我们总是能从他的作品中感受到纯净的诗意，从那悠然与从容的叙述中感受到力量的原因所在。

"微风翻卷着荷叶，又把清香吹得四处飘散。几枝尚未绽开的荷花立在月色下，像几支硕大的毛笔，黑黑地竖着。桑桑能够感觉到：它们正在一点一点地开放。"（《草房子》）

"青铜要给每一朵南瓜花里捉上十只萤火虫。随着萤火虫的增多，这花灯也就越来越亮。完成一朵，他就将它放在船上，再去完成另一朵。他要做十盏南瓜花灯。他要让这十盏南瓜花灯照亮窝棚，照亮葵花课本上的每一个字。"(《青铜葵花》)

这样的格调、雅趣与意境，是曹文轩的作品所独有的，也是他的美学观的典型体现。

与大部分"借故事说话"的作家不同，曹文轩有着强烈的"传道"意识。在写作之余，他喜欢"立论"。他不仅在作品集的前言、后记中强调道义、审美与悲悯情怀的重要，并且在各种场合反复宣传自己的主张："读书要读打精神底子的书，读有文脉的书。"他还给儿童文学下过一个定义：塑造未来民族性格，为人类提供良好的人性基础。这自然与他长年从事文学研究的经历有关，也与他创作时所负有的自觉的使命意识密不可分。

走在街上看到行乞的残疾人，他会让儿子独自走上前去给钱，从小培养他的"悲悯意识"。见到喜欢他作品的小读者，他会很自然地蹲下身子，平视着与孩子说话。这时候他早已不是什么大作家或者名教授，他只是那个能用文字拨动读者心弦、亲切随和的"曹叔叔"。

出于对教师这个职业的尊崇，曹文轩向来注重自己的仪表，西服、衬衣的颜色搭配都很讲究，秋天的风衣、冬天的薄呢大衣更是他的"标配"。似乎在他的字典里从来没有"随便"这个字眼。在媒体面前出现时，他还会以围巾来增添色彩。到新西兰领取安徒生奖时，他就是围着一条漂亮的红围巾作为装饰，很具画面感。

从 1972 年初涉文坛到现在，曹文轩的创作已走过了 50 多个年头；而他自 1977 年毕业留校至今，也已在北大讲台辛勤耕耘了 40 余年。著作等身、育人无数的他就像梵高笔下的那个"播种者"，数十年如一日，在大学生和小读者心中不断播撒着美和善的种子。

"美的力量绝不亚于思想的力量。一个再深刻的思想都可能变为常识，只有一个东西是永不衰老的，那就是美。"

这份印在《草房子》封底的"美的宣言"，也是曹文轩始终不渝的文学信念。

冯骥才的两支健笔

"文，我所欲也，画，亦我所欲也。两者何不兼得，两全其美也。"

"我喜欢在人生的每一个重要节点上，过得'深'一点。"

"一盏灯灭了，我点燃另一盏灯。"

"我如果一直画画可以成为富翁，但是偏偏要去抢救文化。"

冯骥才有"三高"：个高、才高和名高。

首先是个高。1米92的个头，篮球运动员的体格，走到哪儿都会有"鹤立鸡群"之感。

其次是才。冯骥才是有名的多面手，诗文书画样样精通，用天津话来说是"干嘛嘛行"。在平均身高偏矮的文学界，冯骥才是"海拔最高"的作家，每次出国访问都给中国作家"争足了面子"。除了在倾力最多的文学创作领域成就非凡，他的绘画作品被视为"现代文人画的代表"，他的书法更是别具一格，属于"一无牵绊，万境俱开"的抒写心灵之作。这样的才具在当代作家中是不多见的。

最后是名高。冯先生的鼎鼎大名固然与他所怀有的骐骥之才密切相关，但我觉得还有一个因素也不容忽视，那就是他所具有的古道热肠、以天下为己任的家国情怀。作为一位有担当的文化学者，他在抢救、保护民间文化遗产方面厥功至伟，被称为"传统村落保护第一人"。2018年，冯骥才获誉"中国文联终身成就民间文艺家"，可谓实至名归。

※

冯骥才的作家之路并非一帆风顺，他是经历了体坛—画坛—文坛的"三级跳"后才"跳"进自己最喜爱的职业里的。

冯骥才1942年出生于天津一个家境殷实的商人家

冯骥才自画像

庭，父亲是浙江宁波人，母亲是山东济宁人。这样的家庭背景对冯骥才的成长产生了极为深刻的影响，他的言行及作品中时常显露的义气与壮怀、细腻与灵秀可以说"其来有自"。

冯骥才从7岁开始习画，曾经师从严六符、惠孝同等画坛名家，有着扎实的美术功底。一心想当画家的他曾报考中央美术学院，因"出身不好"未被录取。后因身体条件出色，他被篮球教练选中，进入天津职业篮球队，成了一名有前途的中锋。一年后因在训练时身体受伤憾别体坛，冯骥才重拾绘画爱好，在天津书画社从事古画临摹。1962年，他开始在报刊上发表画作和美术理论文章。1974年他被调入天津工艺美术工人大学，教授中国画和美术史。

二十世纪七十年代后期，受时代责任感所驱使，冯骥才暂时与绘画"分手"，选择了更为有力的表达方式——文学。"文化大革命"期间自身的经历及周围人的不幸遭遇使他提起了笔，立志为时代发声："我心里有东西要写，必须写。不是我要写小说，是小说要我写。"为此，他曾冒着极大的风险，秘密写了100多万字的小说，"写了撕，撕了写"，怕被人发现，他曾把书稿藏在院子的砖块下面、楼板缝中，甚至把浓缩了最重要内容的稿纸卷起来塞进自行车的横梁里。

正是由于有了足够的生活积累和写作训练，冯骥才初登文坛便出手不凡。1979年，《铺花的歧路》《啊！》《雕花烟斗》等带有明显"伤痕文学"特点的作品一经问世便引起了文坛高度关注，接连获得全国优秀短篇小说、中篇小说奖。冯骥才本人也于同年调入天津文艺创作评论室，成了一名专业作家。

与其他作家不同的是，冯骥才写小说时常会把脑袋里的人物形象随手画在稿纸或草稿本上，这是他十多年的丹青生涯养成的习惯："我看得见我的人物。甚至也有很多人物的面孔和细节。"

获得广泛赞誉的短篇小说《高女人和她的矮丈夫》便是充分体现他画家眼光与作家笔力的一个例证。这个故事是他在旅途中观察所得，在心中酝酿了近一年时间始终没有落笔，直到在一个下雨天他与妻子出门打伞时突然"看见"了足以照亮全篇的小说画面。他立即把雨伞塞到妻子手里，奔回家去记录这一被"老天爷亲吻了脑门"的灵感：相濡以沫的高女人不在了，矮丈夫出门打伞时仍是习惯性地高举着，那始终不变的姿势，映照出曾经有过的温馨时刻，像是对高女人的一声呼唤。这样一个充满艺术感染力的画面深深地刻印在了读者的脑海里。

冯骥才用两间工作室安顿自己的心灵：一间书房，一间画室。书房和画室的桌子上，随时备着稿纸和画纸，那是专门"迎候"他文思泉涌、画兴勃发的美妙时刻的。他将自己在两个工作室之间的奔走称为"甜蜜的往返"。在他看来，文学是用文字作画，绘画则是用笔墨写作。因此他在用文字描述作画情形时才会如此充满色彩：

"不觉间，画兴随风而至，散锋大笔，连墨带水，夹裹着花青赭石，一并奔突纸上。立扫数笔，万山峥嵘；横抹一片，云烟弥漫。……于是我满心涌动的豪气，俱在画中了。"

有了这样两支可以自由挥洒、自如转换的"凌云健笔"，也就不难理解冯骥才为什么能够在不同的艺术天地尽情驰骋，把自己变成妥妥的"斜杠青年"。

※

在作家们的创作处于井喷状态的二十世纪八十年代，面对随时都会"冒"出来的佳作，文学编辑们的情绪也常常处于兴奋状态。看到好作品，迅速作推荐，以最快的速度翻译出版，让海外读者同步了解中国当代作家的创作，便是我们《中国文学》英文、法文版编辑们的努力方向。那一时期的状态完全可以用"工作着是美丽的"来形容。张洁的《爱，是不能忘记的》、谌容的《人到中年》、古华的《芙蓉镇》等在当时产生过重大社会影响的作品，都是通过《中国文学》这个当时中国对外介绍文学的唯一窗口走向世界的。冯骥才的代表作以及小说集《神鞭》英文、法文版、《冯骥才小说选》英汉对照版等也都是由我社陆续推出的。当我们为作品授权写信征求冯先生的意见时，总能得到他热情的回应。

1994年，冯骥才的"市井人物"小说系列推出，标志着他的创作已到了炉火纯青的境界。他用白描的手法、精妙的构思，把清末民初这一特殊历史时期发生在天津的传奇人物形象刻画得栩栩如生，写出了独特的"天津劲儿"，令人拍案称奇。当时我选了其中七篇刊登在我们创办不久的《中国文学》中文版杂志上。冯骥才先生收到刊物后很高兴，特意给我寄来了一张明信片表示感谢。因为喜欢冯先生的字，便一直珍藏至今（晓钟为我当时用的笔名）。

关于这一系列的传奇人物，冯先生共写了54篇，后来以《俗世奇人》为题出版。冯先生也由此达成了"把天津人留在纸上"的心愿。2018年，此书获得了全国短篇小说最高奖——鲁迅文学奖。

到目前为止，冯骥才已经创作了上千万字的作品，仅出版的作品集就有两百多个版本。其中《冯骥才分类

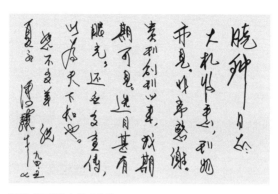

冯骥才写给笔者的明信片

文集》被评为"中国最美的书",《俗世奇人》各版本总销量已超过一千万册。能够做到高产与优质二者兼具是不容易的,这与冯骥才如同对待艺术品那样精雕细刻的写作态度有关。他曾说过自己的稿子"在发表之前要改六七遍"。经过这样反复锤炼打造出来的精品,自然会叫好又叫座。

除了畅销书作家的身份外,冯骥才还是"课本上的名人"。他所创作的《珍珠鸟》《挑山工》《刷子李》等数十篇小说、散文进入全国近百种的中小学课本,有的作品还入选国外知名大学的汉语教材,被亿万青少年诵读,堪称一则文坛的小小传奇。

※

冯骥才的谦和与宽厚是出了名的。

在《今晚报》连载"海外趣谈"系列时,冯骥才用漫画笔法画的插图深受读者的喜爱，连印刷厂的排字工人都爱不释手，以至在画稿用完后大家一起把这七十幅插图全都"瓜分"了。冯骥才得知这一消息后自然也感到意外，但他并没想追究，只是宽容地一笑："人家喜欢你的画，自然是好事。"

在一次新作签售活动上，有位读者拿着本《鲁迅小说选》来请他签名。工作人员觉得不符合规定想阻止，但一向为他人着想的冯先生不忍心拒绝。他笑着接过此书，在扉页上写道："我也喜欢读鲁迅的小说。"既巧妙地化解了矛盾，又满足了读者的愿望。

对于自己的图书在台湾被盗版的情况，冯骥才在与台湾书画家座谈时，显示了他特有的幽默：

"其实，八十年代我就已经'来'台湾了。不是我本人，是我的小说。我和台湾作家一起参加聂华苓的爱荷华国际写作计划，送了自己的小说给他。不久，有人告诉我，在台湾已经见到'盗版'了。恰如那个年代两岸间'执着'的文化交流。"

这样的胸襟与气度，常令人想起他的先祖——东汉开国名将冯异。这位有着赫赫战功的将军，在众将并坐论功时总是默默地退避树下，因此也就有了"大树将军"的美誉。冯骥才在天津创建的"大树画馆"之名便是出于对这位先祖的景仰之情。

对个人名利毫不介怀，但当文化遭受劫难时，冯骥才立即挺身而出，以"舍我其谁"的气概非常高调地投入文化遗产保护事业中。二十多年的时间里，为保护天津老城，为保住传统的古村落，为抢救众多"濒危"的非物质文化遗产，冯骥才付出了大量的时间与精力，甚至一度中止了自己热爱的写作，把自己黄金般的创作盛年用于奔赴文化保护现场。很多人为他感到可惜，冯骥才的回答是："文化遗产保护远比我写一部小说重要。"这就是作家冯骥才的价值观。

※

把岁月变成诗篇、变成画卷，是冯骥才喜欢做的留住时光的方式。

在每一个重要的结婚纪念日，冯骥才都会与同为画家的夫人顾同昭合作创作一幅画。这已经成了他俩的一种默契。著名的"老夫老妻系列"——《北山双鸟图》《老夫老妻》《金婚》，便是他们用画笔共同谱写的爱的诗篇。"岁月如水入墨池，此中画意几人知。相许一生丹青里，风华应是金婚时。"冯先生把他与夫人半个世纪相濡以沫的感情经历，浓缩到了这首题画诗中。

他们在日常生活中相互砥砺，从事公益活动时同样是你呼我应、义字为先。为了保住唐代大诗人贺知章的祠堂，哪怕把他们心爱的画作献出义卖，也在所不辞。

1992 年，冯骥才来到他的老家宁波举办"敬乡画展"。正是在画展期间发生的一件事，开启了冯骥才文化遗产保护的征程。

冯骥才与夫人顾同昭合画的
作品《老夫老妻》

他在《漩涡里》写道："这期间宁波也开始城市改
造了，正在翻天覆地地进行市中心月湖周边的改造，有
一座很古老的建筑马上要拆，竟然是唐代诗人贺知章的
祠堂……市里原想把这座建筑给宁波文联，文联没有足
够的钱修理，可是房子太破，不大修无法再用，只好拆
掉。我是天津文联主席，知道文联是穷单位，但无论
如何也不能把一座古代大诗人的祠堂拆掉，便问：大修
这房子要多少钱？当地人说：估过价，得要二十万。我
听罢，因为有过头一年冬天为抢救周庄迷楼而卖画的经
历，好像自己具备什么'实力'，脑袋一热便说：我来
卖画帮宁波文联，把这房子保下来吧。"

冯骥才的想法得到了夫人的全力支持。他们俩一起
在画展最后边、也是画幅最大的那部分中挑选了五幅精
品，其中一幅便是《老夫老妻》。这是他们庆祝银婚时

所画。画面中，一对鸟儿在风雪中相依相偎，那份温情令人感动。为了挽救文物把这样的心血之作捐出，完全是"割爱"之举了。

"择一城终老，遇一人白首。"冯骥才的深情令人动容，他与夫人的高义更令人感佩。

来自北大荒的女作家陆星儿

"那时的我，恰恰是一个极容易被口号鼓舞的热血青年。为加入第一批去北大荒屯垦戍边的革命行列，我用一把并不锋利的铅笔刀割破手指，写了血书以表决心。"

"写作是我生命的一部分、人格的一部分、信念的一部分，更是我生活经历中最宝贵的一部分。"

在二十世纪七十年代末的中国文坛，有一个特别的现象，那就是一大批知青作家的集体登场，他们以自己过人的才华与非凡的努力共同点亮了新时期的文学星空。来自北大荒的女作家陆星儿便是其中的一位佼佼者。

虽然这颗璀璨的"星儿"过早地陨落，但她曾经呈现的热情与闪耀常令我感动地忆起。

※

有一天，我问起陆星儿："你最初的写作动机是什么？"她不假思索地回答道："为了爱情。"

这一回答多少有点出乎我的意料。如果换了别的作家，可能会有很多种理由来解释他们的创作动因和各自的文学契机，而陆星儿却毫不讳言地说"为了爱情"，直率得犹如一个刚刚坠入爱河的女中学生。

陆星儿出生于上海一个普通的职员家庭。她五岁时父亲去世，家庭的重担压在母亲一人的肩上。兄妹四个与母亲相依为命，挤在只有十多平方米的小板房里。虽然家境窘迫，但陆星儿最初从家庭感受到的是平和与温暖，这为她以后性格的发展打上了深深的烙印。也许正是生活的困难、乡邻的友情、单纯的人际关系，包括天天必经的那条不平坦的"台格路"，使得陆星儿在体验、经历着大上海生活的同时始终怀着一份可贵的朴素与真诚。在重点学校向明中学读书的陆星儿，与她后来也成了名作家的哥哥陆天明一样，是个积极要求上进的热血青年。1968年，上山下乡运动轰轰烈烈。出于理想与信念，陆星儿以极大的热情投入，主动要求到寒冷的北大荒锻炼自己的革命意志。

对于自己的插队经历，她是这样讲述的："为加入第一批去北大荒屯垦戍边的革命行列，我用一把并不锋利的铅笔刀割破手指，写了血书以表决心。……那时的我，心里装的只有'战天斗地'的激情和诗意。离开家时，我简单的行李里裹着一部描写开发库页岛的长篇小说《远离莫斯科的地方》。"

在农场机关，陆星儿结识了另一位上海知青。他们相爱了。同时，她也悄悄地写起了小说，这大概就是陆星儿后来对我解释的"文学的真正动力来自爱情"的缘由吧。

在1976年出版的《人民文学》复刊号上，陆星儿发表了处女作《枫叶正红》。从此，陆星儿被生活"逼"上了文学之路。她的小说与爱情互为因果，同时开放出美丽的花朵。1978年秋，陆星儿告别生活了十年的北大荒，进入中央戏剧学院戏剧文学系学习，开始接触大量涌入的西方思潮。大学期间，她边读书边写作，发表了《啊，青鸟》《我们的心像大海》《野菊花》等小说，另外，她还出版了《遗留在荒原的碑》《留给世纪的吻》等有关北大荒生活的中长篇小说，引起了文坛的广泛关注。

※

二十世纪七十年代末八十年代初，中国社会正处于变革时期。社会生活的不断变迁以及思想观念的不断更新，在家庭内部引起的具体表现就是情感的波动与不稳定。当陆星儿忙于写作，忙于抚育孩子而无暇顾及其他时，她的家庭也潜藏了危机。陆星儿是一个在传统的道德观念与生活习惯影响下成长起来的女性，她深感自己具有的思维定式及生活态度无法适应复苏的人性与精神世界的变化。那时候的她努力扮演着作家、妻子、母亲这三重角色。她这样形容当时的自己："完全像匹野马，埋头拉着由小说、儿子、家三个支点撑起的石磨'磨盘'，一步一步，一圈一圈，一年一年，从没有计算过里程，估量过代价……"

令她猝不及防的是，这样的生活惯性脱离了原有的轨道，她所珍视的婚姻破碎了。痛心之余，陆星儿带着年仅五岁的儿子回到了她的出生地——上海，重新开始了生活。

上海—北大荒—北京—上海，起点成了终点，陆星儿觉悟出了其中宿命的味道。但她此时已经从一个女孩子、女知青、女大学生的过渡，完成了女作家的转变。

最初的几年是难熬的，陆星儿难以摆脱，她被一种令她深感屈辱的挫败感困扰着。虽然离开了她曾向往过的"最后的归宿"，但那深植于心中的"依靠一个男人"

1990 年，陆星儿与作家朋友们在滇西湖（左起：凌力、李林栋、汪曾祺、高洪波、陆星儿）

的传统观念却无法消失，因此痛苦也时时涌现。再加上一个单身母亲带孩子不得不面临的艰难，生活在她面前展示的是极其严峻的一面……

　　然而陆星儿毕竟是陆星儿，她没有一味地消沉让大家失望。她从自身的遭遇中，渐渐获得了对于自己能力的认识。她变得清醒了。当她独自一人重新面对整个世界时，那个被儿子与小说淹没的自己浮出了水面。她寻找到了完整、独立的自我。这是婚姻打碎后的完成，是内心裂变后的结果，在对自己的不断认识中、对婚姻生活的反省中，她获得了对处于同样环境中的妇女的透彻理解。于是，"天生是个女人"系列诞生了。她的作品通过写人与社会、人与人之间的不协调，呈现出当代女性较为普遍的生存状态，可以说是由女人看社会的"大写真"。陆星儿把自己所有的感受都写入小说中，呈现出一个具有责任感、时刻关注着时代生活的作家对"社会与人"这一大题目所作的思考记录。

※

1990年，我选了陆星儿的两部短篇小说《一个和一个》《在同一爿屋顶下》刊登在我们的《中国文学》英文、法文版上。同时我根据自己的阅读体会写了一篇介绍文章，以罗丹的雕塑作品《行走的人》为题来比喻她的创作姿态。

后来陆星儿在来信中特意提及此事："我第一次读你介绍我的文章，那时没见过面，但你对我把握的准确，我是很惊讶的。"

这两篇小说译载后引起了海外读者的关注，其中《在同一爿屋顶下》还被收入在美国出版的《国际短篇小说选》。

陆星儿是个地地道道的上海人，但在平时的交往中，我觉得她更像是一个豪爽豁达的北国女儿，这也许与她在北大荒的插队经历有关吧。丝毫没有名作家的架子，真诚随和、快人快语，这是她最初给我的印象。我们俩第一次见面便是她跑到我们单位见的。可能是谈得比较投缘吧，她事后告诉我："觉得有一种默契，能与你合作，真是太好了。"

二十世纪八九十年代的中国作家，与国外作家的交往也渐渐多了起来。他们渴望与对方交流，因此也格外盼望自己的作品能有外文译本。当我把准备推出她的小说集《啊，青鸟》英文版、小说集《达紫香悄悄地开了》法文版的计划告诉陆星儿时，她的高兴之情溢于言表，虽然她也遗憾地表示："只可惜不识英文，第一次感受到了'文盲'的滋味。"

基于在多年的交往中建立的信任，陆星儿请我为她的小说集外文版写序。我一开始没有答应。我跟她说，我只是个年轻的编辑，资历尚浅，最好找一个德高望重的名家或者作家同行来写。但陆星儿坚持让我来写。她认为资历与名望并不是写出好文章的首要条件，她需要的是"懂"她的作者，而我则是她心目中最合适的人选。

盛情难却，我也只好"恭敬不如从命"了。为了不辜负她的这份信任，我专程到上海与她作了一次长谈。

我已事先告知她具体到达的日期，让她帮助预订她家附近的旅馆。但那天我乘坐火车到达上海时已经是傍晚，当我拨通公用电话时，电话那头传来了陆星儿火急火燎的声音。后来我才知道，她已经惴惴不安地等了一整天。她告诉我：上海的电话号码明天就要改；预订旅馆的人很多，要是再晚一点的话就得退；马上就要准备搬家……诉完了这一大通话，她又噼里啪啦地跟我说了乘车的路线和站数，然后说在某一站下车，她在那儿等我。当我奋力挤下闷罐子似的公共汽车时，陆星儿还有她那聪明可爱的儿子厦厦已在马路边等我了。

陆星儿写给笔者的信件

第二天正好是周日。我来到她家时，她已把儿子送到了奶奶家，专门留出了足够的时间与我交流。

说是家，其实是她借住着朋友的房子：沙发、冰箱、电视都是"借"来的；普通的一室一厅的房子，厕所为两家合用。虽然空间比较局促，但陆星儿与我聊得很畅快。到了中午，她还亲自下厨，为我端上一道鲜香四溢的红烧鱼。可以想象，在这样一间角角落落都堆满了书籍的房间里，陆星儿忙完了家务，送走了孩子，在那张饭桌又兼书桌上奋笔疾书，写出的作品与普通人的生活感悟一定贴得很近很近。

我们在一起聊天时自然也会谈及陆星儿的好友王安忆——她也是我们的作者，我曾编辑过她的小说集《流逝》英文版。有意思的是，她们俩先后在我的通信录上手写的地址正好挨在一起，不同的写字风格就像她俩的性格，对比鲜明：一个热情奔放，一个沉静内敛。谈及好友，陆星儿快乐的口气中满是羡慕。她有一句话说得非常到位："安忆的心，使安忆的小说变化无穷。"

※

我很理解陆星儿对她的第一本外文版小说集的期盼之情，因此一拿到样书便以最快的速度给她邮寄到了上海。书到的时候陆星儿恰巧不在家，她的儿子拆开信封一看便知道是他妈妈一直念叨着的新书，便灵机一动把书藏到了被窝里，到了晚上给陆星儿制造了一个大大的"惊喜"。儿子的贴心之举让陆星儿感动不已。

那些年，陆星儿过着快节奏的生活：作为当时女性文学的代表人物，她要为处于困境中的女性们代言；作为单身母亲，生活中的方方面面都需要她操心；她还担任着当时《海上文坛》的执行副主编，太多具体的业务需要她亲力亲为。但她在百忙中依然牵挂着我的"房子"问题（我结婚后仍住在集体宿舍），在来信中多次提及，那份关切的情意让我倍感温暖。

尽管陆星儿当时已是一位名作家，但这一身份并没有给她带来特别的待遇，她仍然像普通人一样排着队等待分房。后来上海作协分给她一套位于浦东的两室一厅的房子，陆星儿立即写信告诉了我，与我分享她的喜悦："生活可以在自己的天地里展开"，连独自奔忙于购买装修材料、订购家具的劳累似乎都消失了。"最重要的是儿子很高兴，他的表现及对家的渴望使我感动"，陆星儿对我这样说。她还说到了一件趣事：在订购家具时，商店老板听说她是作家陆星儿，竟以很优惠的价格卖给了她。她第一次"享受"了作为名人的好处。我想她一定是遇到了喜欢她作品的读者了。

陆星儿是非常勤奋的，在 20 余年的文学生涯中，共创作了《精神科医生》等 6 部长篇小说、12 部中短篇小说集、13 部散文集和 5 部电视剧，称得上是作家中的"劳模"。看到她旺盛的创作势头，我由衷地为她感到高兴，也盼望着她的生活能减少些压力，创作能更加顺利。但正如她自己所说，也许是"把生命用得过狠了"，疏忽了对自己的照顾，以至拖垮身体英年早逝，令人扼腕痛惜。

储福金：作家中最好的棋手

"围棋如同人生，也印证着人生。黑白每一个子、每一步棋都是平等的，区别只在于先后放在什么位置上和发挥了什么作用。它是整体（人生）的一部分，可能演变为废子，也可能成为'棋筋'，而废子和'棋筋'也随形势而变化。势和地、攻与守、先中后、后中先，都充满辩证的意味。"

"大路好走，小径难行，走大路，鼓掌的人多，行小径，难逃寂寞。"

江苏作家储福金是我交往 30 年的老朋友了。想起他，眼前总会浮现出他笑容满面的样子，想起他在邮件的结尾每每都会提到的一句话："常念到的"，虽然只有短短的四个字，却令人时时感到温暖。

　　2021 年 4 月初，储福金在微信上跟我说，他搬进了南京栖霞区的新家，欢迎我有空时去他家聚叙。我想了想：确实，我已有好些年没有见过他了，世事沧桑，彼此也都有了不小的改变，何不趁着 5 月份坐高铁到杭州的机会，在南京稍作停留？我跟储福金说了我的打算，他表示很高兴，并且坚持让我住到他家，他的热情诚恳一如当年。

※

　　储福金属于成名已久的作家，从 1978 年发表第一篇小说到现在，共创作了 15 部长篇、50 多部中篇和 100 多部短篇，属于高产作家。尽管也曾多次获得包括"紫金山文学奖"在内的全国性的文学大奖，他的中篇小说《石门二柳》还被改编成了电视剧，但储福金的作品始终不温不火，就像他为人所称道的围棋水平，属于功力深厚，但表面上始终波澜不惊的类型。1990 年，我曾经选了几篇他描写女性生活的短篇小说在《中国文学》英文、法文版上刊载，没想到引起了感情细腻的法语读者的共鸣。作品有了好的评价，读者自然希望多了解作家的情况，于是编辑部便派我去南京采访储福金，并选编一本代表他创作水平的中短篇小说集。

见我如此年轻（其实也工作好几年了），储福金和他的夫人有点吃惊，他的夫人更是直率地说："我以为喜欢储福金小说的人一定是个老学究呢！"我笑笑说："我的工作就是发现好作品啊！"由于我们的杂志面向的是海外读者，在国内众多的刊物中"海选"时更注重作品的艺术品质，一时较为轰动的小说反而不太容易入选：一来这些作品需要经过翻译，送到读者手里时往往过去了好几个月，时效并不与国内同步；二来有的作品经不起时间的检验，容易"时过境迁"。因此我们会去发掘一些不是很受关注但在艺术风格上自成一派的作家，储福金恰好属于这一类"沉得住气"的作家，被我们选中也是顺理成章的事。

储福金是个典型的江南人，个子不高，皮肤细腻白皙，有一种儒雅之气，一看就知道是很讲究生活品质的人。他讲一口频率较快的南京普通话，说话时总是带着笑。看来他对目前的生活状态是很满意的，这一点从他给儿子起名为"笑抒"便可看出。

储福金是个耐得住寂寞的人。他并不受评论家追捧，但他不以为意。他创作前期的作品多写女性的生活，擅长于描绘细腻的女性心理，有唯美倾向。《彩·苔·怆》等短篇以及"紫楼十二钗"系列便是代表。这是一条他为自己独辟的蹊径。他深知："大路好走，小径难行。走大路，鼓掌的人多，行小径，难逃寂

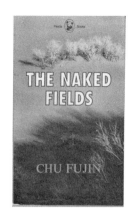

储福金小说集《裸野》英文版封面

寞。"甚至说"寂寞的路，只有寂寞的人给他鼓掌"。这句话可以说是"寂寞到家"了。

身处主流之外，远离热闹与喧嚣，也使储福金有了更多的时间思考与探索文学本身的问题。他把所有的精力都放在对纯文学的追求上。他认为文学创作应该是独特的，始终坚守着自己的文学信仰，努力超越自我，希望有一天能写出"真正的中国形式的作品来"。

储福金曾说过，好的文学作品是有滋味的，要慢慢品。这也符合日本的文学评论家对他作品的印象："初看觉得情节很有意思，内容很有趣味。再看时，就会明白主题很意味深长。"

古典诗词的浸润，培养了储福金对文字的敏感与直觉。他对南唐李后主的词情有独钟，"细吟着有一种柔柔的、绵绵的、朦胧而哀怨得无法叙说的感觉，如观绿水中摇曳的鱼尾"，这也是他一贯的文学追求。他曾经把自己年轻时创作的一本诗词集起名为《恒煜集》，对此储福金解释道："我那时候特别喜欢李煜，煜代表光明，'恒煜'的意思是永恒的光明，可见当时自己有多狂。"可惜这本他很得意的诗集在"文化大革命"抄家时被抄走了，但这样的训练也为他后来的创作打下了深厚的文字功底。

与当时流行的"伤痕文学"不同的是，储福金笔下的生活是经过过滤的，并不直接表现生活的苦难与丑陋，而是用温润的柔笔委婉道出，尽管他在特殊年代也曾经历过痛苦与磨难。

※

储福金以小说成名，虽说他的诗才只是偶露峥嵘，但也曾在异国大放光彩。那是 2001 年他随中国作家代表团去南斯拉夫访问时发生的事。

储福金在平时也会把诗情喷发时的灵感记录下来，因此当中国驻南斯拉夫大使馆要求代表团成员预先准备两首诗作为朗诵节目时，他便在自己多年的"库存"中搜罗到了一古一今的两首诗交差。令他始料不及的是，他的这首根据梦境写成的现代诗令他名声大噪，在热爱诗歌的南斯拉夫人面前尽情享受了一回诗人的荣耀。

"年轻时 / 我第一次射箭 / 我把箭射出去 / 射中了一只飞翔着的鸟 / 鸟旋舞在半空 / 落在我的脚边 / 扇动

储福金在贝尔格莱德朗诵自己的诗作

着美丽的翅膀 / 于是 / 我把箭射向虚空 / 用第三支箭去追逐第二支箭尾 / 我射了一支又一支箭 / 箭在空中形成了一道不规则的弧线 / 我的心在不规则的弧线上跳动了十万八千次 / 一次有风 / 一次有雨 / 一次有雷 / 一次有电 / 弧线回落到我的脚边 / 那第一次射落的鸟 / 也就复活了 / 飞向了天空 / 我望着它飞去 / 我没有再射落它 / 我已经拉不开弓"（《射箭》）

这是储福金在参加第 38 届贝尔格莱德国际笔会相关活动时朗诵得最多的一首诗。

虽然此事已过去了多年，但说起当时的情景，储福金仍是难掩兴奋之情："南斯拉夫人真是喜欢诗，闻讯而来的听众几乎坐满了会场。来艺术博物馆参观的学生们，都伏在楼上回廊的石栏上静静地听着。朗诵翻译诗的是一位国家功勋演员。听着我的诗化作塞尔维亚语圆润的声音与节奏，我感觉到诗的韵味在无形地飞翔着。""中午就餐时，一个塞尔维亚的青年诗人朝我们走来，握着我的手，说我的诗真好。还有女诗人过来说很喜欢我们中国的诗。后来我的这首诗还朗诵了几次，每次朗诵时坐在我身边的当地诗人都会拍拍我的肩，朝我竖大拇指。"

※

每当举行中国作协全国代表大会时，喜欢下棋的作家们会不约而同地来到储福金的房间，找这位他们心目中的"棋王"切磋技艺。虽然后来因为眼睛、大脑过于劳累，储福金不太在公开场合下棋了，并且还发表了一篇《告别棋赛》的文章，但在大家的轮番劝说下，他会答应跟中国作家围棋赛的冠军下上两盘，结果自然是大获全胜。

与他的外表给人的"温柔敦厚"的感觉不同，储福金在下棋时，极有胜负心。他的棋风非常强悍，招招都是杀招。他自己曾经总结道："不知是性格还是棋感的原因，我总是在棋局中寻求搏斗。杀棋吃棋形成了一种习惯，一入棋局，'战刀'便举起。杀与被杀，都在心的感觉中。"

储福金下棋的时间比他写作的时间长。1952年储福金出生在上海长宁区一个普通的工人家庭，从五岁开始跟父亲学下象棋。悟性颇高的他很快便在同龄人中脱颖而出，小学毕业时便获得了上海少年组象棋冠军，十一二岁起学下围棋，表现同样出色。十六岁初中毕业时他来到父亲的老家——江苏宜兴插队。写诗与下棋这两项才能使他在当地"大大地有了名"。1980年他被调入南京《雨花》杂志社当编辑，汪曾祺的名篇《异秉》就是经他的手发表的。1987年他开始了专业创作的生涯，后来还担任过江苏省作协副主席的职务。

有意思的是，储福金正是通过下棋与他的老丈人——著名作家艾煊结缘的。

我跟储福金开玩笑说："你可是下棋下出来的女婿啊！"储福金初出茅庐时曾作为青年作家代表出席在无锡召开的江苏省青年作家会议，在开会间隙与时任江苏省作协主席的老作家艾煊下过棋。这位"脑子好使"的年轻人高超的棋艺给艾煊留下了深刻的印象，并且也为后来的翁婿交往增添了不少雅趣。我曾问过他的夫人艾涛："当作家的女儿与当作家的妻子有什么区别？"性格直爽的艾涛笑笑说："没什么区别啊！"想了想她又柔婉地补充了一句："还是因为喜欢。"她的语调中含着一种甜蜜的欢喜。这可与我平时印象中风风火火的艾涛很不一样。看来我的这一问话唤起了她心中的温馨记忆。

储福金的日常有着两重身份、两种生活：专业作家与业余棋手。一明一暗，一表一里，二者相辅相成。作为业余五段棋手，他曾与众多围棋高手交战，可以说"杀"遍文坛无敌手。几十年对围棋的痴迷既丰富了他的业余生活，也拓宽了他的文化视野，还为他后期的创作提供了源源不竭的素材。写作与下棋这两大爱好初看起来就像两条平行线，一旦相交，便会碰撞出炫目的火花。

因此，当他2007年终于动笔，把丰富的素材转化成30多万字的小说《黑白》出版时，便立即引起了文坛与棋坛的高度关注。这也是我国第一部反映围棋文化与棋手生活的长篇杰作。

2014年，描写四代棋手心路历程的《黑白·白之篇》出版。

《黑白》与《黑白·白之篇》产生的巨大反响很出乎惯走寂寞路的储福金的意料，可以说好评如潮，其中《黑白·白之篇》还曾入围第九届茅盾文学奖。作家陈建功读后"拍案称奇"，评论家李洁非赞其"风骨雅正"，围棋大师陈祖德的评价是："非常好，很有可读性。在围棋史上，也是可喜可贺的事情。"女子围棋世界冠军徐莹则直言："这是我看过的描写围棋与棋手最真实最美的作品。"

当这两部被称作"棋林外史"的长篇小说先后在中央人民广播电台《畅销书屋》栏目制作播出时，陈祖德、聂卫平、常昊、罗洗河等一众围棋国手集体亮相"片头"，为小说助阵，可谓盛况空前。

从此，储福金也便有了"作家中最好的棋手，棋手中最好的作家"的美誉。

※

储福金的创作有着自己稳定的节奏，但有时也会遭逢灵感"喷薄而出"的繁忙时刻。有一年，他写了一部长篇、五部中篇和十几部短篇，几乎两三天就出一部作品。他在创作上的丰收自然会引起文坛的关注，被各大刊物推荐参加年度奖项的评选自然也是顺理成章的事。

2018 年，储福金有四部短篇、一部中篇竞逐鲁迅文学奖，他也是鲁奖历史上获得提名最多的作家之一。这些小说从质量上来说无论是哪一篇都可以入选，被他的作家朋友们视为稳操胜券。但在最后的审核过程中发现，呼声最高的那篇小说偏偏在申报环节出了问题，使得储福金与这一届的鲁迅文学奖擦肩而过，这一结果也令不同组别的评委们大呼意外。对于作家们非常看重的鲁迅文学奖的"遗珠之憾"，储福金的心情自然也有些失落。我安慰他说："凭你的实力，获得这一奖项只是迟早的事，只要耐心等待即可。"但他笑着摇摇头说："不太容易。你想想，五篇中一，这是多大的概率啊，恐怕我没有获奖的命吧。"接着他加了一句惯常的口头禅："也就随缘吧。"

人的一生能把自己的职业与爱好结合起来自然是一

种难得的福分。下棋与创作是储福金的两大兴趣所在，他坦言："我有时会想到，我的一生是幸运的，大部分时间都在自己的兴趣爱好之中。"

其实他的幸运还有令他心灵安宁妥帖的幸福的家庭生活，这也是储福金笑口常开的原因所在。

贾平凹的"巧"与"拙"

"天下最劳心者，文人；最劳力者，农夫。劳力者给了劳心者以粮食，劳心者却不能于劳力者有所作为，不觉喟然长叹！"

"你若喜欢上一本书了，不妨多读：第一遍可囫囵吞枣读，这叫享受；第二遍就静心坐下来读，这叫吟味；第三遍便要一句一句想着读，这叫深究。三遍读过，放上几天，再去读读，常又会有再新再悟的地方。"

"会活的人，或者说取得成功的人，其实懂得了两个字：舍得。不舍不得，小舍小得，大舍大得。"

走在西安的大街上，似乎随时都会"撞见"贾平凹的字。他的书法已经成了许多商家的招牌，不少文化机构更是将他的书法视若珍宝，有人甚至拿收藏品来换他的字画。毫无疑问，贾平凹已经成了陕西的一张文化名片。

在众多作家的墨宝中，贾平凹的字显得别有韵味。像他为汪曾祺文学馆的题词"山高水长"四个字，看似朴拙，实显天真奇崛。令人想起他称汪曾祺先生为"文狐"的含义，贾平凹自己也已经是"修炼成老精"了。

在当今中国文坛，会写小说，善作文章，同时在书法、绘画方面才情别具的作家并不多，贾平凹就是其中一位典型代表。

※

贾平凹因为其卓异的文学才能而被文坛冠以"鬼才作家"的美称。既然被称作"鬼才"，其行事自然与众不同。

比如，像许多文学爱好者普遍经历的那样，贾平凹在创作初期也曾接到过大量的退稿信。但他并没有因此退缩罢笔，而是把多达 127 张的退稿信全都贴在墙上，让自己抬头低眼都能看到明明白白写着的"耻辱"，以此激励自己。

二十世纪八十年代初的贾平凹在文坛已经小有名气了，但他行事低调。心中仰慕北大的他选择在夜深人静

贾平凹为汪曾祺文学馆题词"山高水长"

时分来到校园，独自夜游未名湖，在沉静中让"心、口、鼻、耳生生动动地受活"。事后他写了一篇精短的散文，把夜色笼罩下的未名湖写得温柔而又别致，最后以"未名的人游了未名的湖"一语结束，可谓意味深长。

再如他在西安工作、生活，华山算得上是"近水楼台"，但他却三赴华山而不登。每一次都是乘兴而去，兴尽而返。他的行为做派颇似《世说新语》中性情洒脱的名士王子猷，对此贾平凹的说法是："如今来了三次，还未上山，便得了这许多好处，若再去山上，如何能再享用得了？如今不去山上，山上的美妙永远对我产生吸引力。好东西不可一次饱享，慢慢消化才是。花愈是好，与人越亲近；狐皮愈美，对人越有诱惑力。但好花折在手了，香就没有了；狐皮捕剥了，光泽就没有了。"通过这样言近旨远的阐述，他把一个普通的登山行为上升到了哲学的高度。

贾平凹的与众不同还表现在不追逐流行，喜欢反其道而行之。

　　比如，当文坛流行"伤痕文学""反思文学"之时，他不趋时随俗地写伤痕，而是将目光投注到故乡的风土人情，寻找到了自己"文学的根"，于是有了《满月儿》《鸡窝洼人家》等作品。而当"寻根文学"如火如荼之时，他已经开始写"商州系列"的第一部长篇《浮躁》，以作家特有的敏锐，准确地捕捉到了时代的情绪——浮躁，塑造了金狗这一具有时代精神和反叛意识的农村青年形象。此书的出版奠定了贾平凹在文坛实力派的地位。此后他一次次地突破自己，以商州为自己的文学基地，不断开掘、深挖，以中国传统的美的表现方法，真实地表达着中国人的生活和情绪，这也是他的作品总是能够打动广大读者的原因。

　　贾平凹是位传统文化底蕴深厚、对于语言有着高度自觉的作家。即使是生活的"泼烦琐碎"，他也能写出其中蕴含的哲理与诗意。他的文字在质朴俭省中有着丰富的文化蕴涵，读后给人以深长的回味。他的 17 部长篇中有 14 部都是用两个字来概括作品主旨，便是最好的证明。

※

　　从《腊月·正月》开始，我一直阅读贾平凹的作品，也很关注他的创作状况。每遇好作品，也会及时推荐，将他的小说、散文佳作译介到海外。在我们一年仅出四期的《中国文学》刊物上，他的作品是当代作家中译介最多的。像小说《满月儿》《鸽子》《美穴地》等都是由我们的刊物介绍出去，为海外读者所熟知的，有的小说还入选了美国的《国际短篇小说选》。

1992年，我曾写过一篇介绍贾平凹创作的文章《鬼才作家贾平凹》发表在《中国文学》英文、法文版杂志上，受到了读者的欢迎。后来当我读到他写的山匪传奇系列，便产生了编选一本《贾平凹传奇小说选》的想法。

这本选集收录了《五魁》《白朗》《美穴地》《晚雨》四部中篇小说。这些小说都是"像刀子一样"刻在作者心里的故事，因此讲述起来显得非常得心应手，似乎不是他在写，而是他笔下的人物拥挤着寻找出口，争相要求诉说。无论是陕北高原上"背媳妇"的长工五魁和少奶奶之间的爱恨情仇，还是能文能武、足智多谋的英俊土匪白朗的传奇，或者是借风水文化演绎一段乱世中的凄美爱恋，这些故事在叙述上有一个共同的特点，那就是情节上丝丝入扣，人物心理上精微描摹，具有极强的艺术感染力，充分显示出贾平凹的创作已到了炉火纯青的艺术境界。

在编辑此书的过程中，我曾与贾平凹有过几次通话与通信的往来。

那时候贾平凹还在《美文》杂志任职。我打电话到西安，正好是贾平凹接的。虽然没有见过面，但从他那一口浓重的陕南官话我就猜到是贾平凹本人了。

汪曾祺先生有言："'普通话'是语言的最大公约数，是没有性格的。"贾平凹可以说是这一理论最为彻底的实践者。因为有"普通话就是普通人说的话"的名言，贾平凹始终乡音不改，在各种场合都操着一口浓重的陕南官话。要想完全听懂他的话确实比较费劲。他自己就提到过一件趣事：有一次去南宁讲课，讲了一个多小时；最后他问学生有什么问题，学生说没有问题，就是听不懂老师的话。

我在电话中跟他说，我们出版社准备出版他的小说集外文版，希望他能提供作者简介和照片，另外再为国外读者写一篇序言。贾平凹很高兴地答应了。

贾平凹很支持我们的工作，不久就把序言寄给了我。尽管在电话里听不大懂他的陕西话，但他的书面文字却很清楚、明白，字迹工整，一看就是很有功力的人所写。

为了保证译文的质量，我们把此书的出版延后了一年，我便给贾平凹去信解释，贾平凹回信表示理解，并对我们多年来编选他的作品表示了感谢。

此书于 1996 年出版后受到了海外读者的欢迎，法国的一家出版社还与我们联系，购买了此书在法语地区出版发行的版权。

贾平凹寄给笔者的信件

1998 年我在负责编选"中国文学宝库"当代文学系
列时，再次担任了《贾平凹小说选》英汉对照版的责任
编辑。这本书收入了贾平凹早期代表作《满月儿》《鸡
窝洼人家》等小说。

※

贾平凹既可低调成"丑石"，也能用笔掀波涛，一
书惊全国。1993 年，北京出版社推出了他的都市题材长
篇小说《废都》，发行量曾达到千万册之巨，盗版书都
有 50 多种。此书一出，令他立即成了风口浪尖上的人
物。这部作品在为他带来巨大声名的同时也招致了相当
多的批评，贾平凹也因此承受了前所未有的压力。他沉
寂了一段时间。在"深深的谷底行过"之后，贾平凹对
于人生有了新的感悟。1995 年，他带着新创作的长篇
《白夜》重新回到了文坛。

贾平凹的创造力是惊人的。他以每两年推出一部长篇的速度，并且完全是用手写的方式打造了19部长篇，同时还创作了近50部中篇小说，200多部短篇小说，以及大量的散文、随笔，共计1 500余万字。他出版的作品集有百余种之多，并被翻译成英、法、意、西、德、俄、日、韩、瑞典、越南等国文字行销海外。除了"作家中的劳模"这个称号之外，贾平凹还是个"得奖专业户"，他几乎拿遍了各个类别的文学奖项：短篇小说《满月儿》获1978年全国优秀短篇小说奖，《腊月·正月》获1984年全国优秀中篇小说奖，长篇小说《浮躁》获1987年美国美孚飞马文学奖，《废都》获1997年法国费米娜外国文学奖，《贾平凹长篇散文精选》获2005年鲁迅文学奖，长篇小说《秦腔》获2008年茅盾文学奖并入选"新中国70年70部长篇小说典藏"，《古炉》获2011年施耐庵文学奖，《极花》获2018年首届北京大学王默人—周安仪世界华文文学奖，《秦岭记》获2023年人民文学奖长篇小说奖。

贾平凹并没有把获奖看作是多么了不得的事，就像是"过河遇到了桥，口渴遇到了泉"，他还要继续往前走。对于自己的创作，他有着非常清醒的认识："我是陕西南部人，生我养我的地方属秦头楚尾，我的品种里有柔的成分，有秀的基因。而我长期以来爱好着明清的文字，不免有些轻的佻的油的滑的一种玩的迹象出来，这令我真的警觉。我得有意地学学两汉品格了，使自己向海风山骨靠近。"

※

在当今几乎一切都电子化的时代，绝大多数作家已习惯用电脑写作，只有为数不多的作家们还在坚持"手写"，贾平凹就是其中之一。

2013年他在写长篇小说《带灯》时，曾经先后改了五遍，写坏了约三百支笔。

而在2018年出版的长篇小说《山本》创作谈中，贾平凹这样说："写第一遍初稿的时候，在很豪华的笔记本上来写；然后在一般的稿纸上进行抄改，完成第二遍的写作；之后，又从第一个字开始进行第三遍抄改。如果写十万字作品的话，经过我手其实起码已经写了三十万字。《山本》大概有四十五万字左右，算下来我用手写过去的能有一百三十多万字。"

这样费工夫的朴拙，确实不是常人能够做到的。别人通过一封电子邮件就把稿子传给了编辑，贾平凹却是背着一麻袋的稿子来到编辑部，令人想起在田间辛苦劳作的农民。

贾平凹自称是"世上最呆的人，喜欢静静地坐着，静静地思想，静静地作文"。

他总自嘲"笨"，不会用电脑，手机除了接打电话，别的功能于他为零；不会开汽车，连骑自行车都摔跤撞人；打小爱音乐，可愣是大半辈子都没学会二胡。

这样的处世方式看似大拙，其实隐含着大巧。与其说贾平凹是个传统文人，不如说他是一个哲人。他在创作与生活中已经把中国传统哲学精髓发挥得淋漓尽致，入木三分。

在当今文坛，贾平凹无疑是非常勤奋的作家。他笔耕不辍，步履不停，即使在开会、做客、住院时，也会随时记下突然闪现的情节或句子，充实自己的素材库。不管世事如何变化，他都以惊人的执着与耐心，日复一日地在自己的文学领地深耕着，锲而不舍地雕琢着自己的精品力作。

"它沉而不靡，厚而简约，用意直白，下笔肯定，以真准震撼，以尖锐敲击。"这是贾平凹对两汉时期文章风格的评价，也可以看作他自己持之以恒的文学追求。

含泪微笑的高晓声

　　"我不是作为作家到农村来体验生活，我本身就是个农民。"

　　"我敬佩农民的长处，也痛感农民的弱点。"

　　"农民同作家，千里共婵娟，心有灵犀一点通，有着共同的意境。"

　　"文学如摆渡，目的都是把人渡到前面的彼岸去。"

作为乡土文学创作的杰出代表，高晓声因塑造了陈奂生这一继阿Q之后的典型农民形象而获得文学界的普遍赞誉，并因此被贴上了"农民作家"的标签，有不少人见了他甚至脱口而出把他喊作"陈奂生"。把作家高晓声与笔下的人物陈奂生画等号，既是因为他所塑造的这个农民形象生动逼真、惟妙惟肖，同时也是由于他自己的神态、语言以及手上厚厚的老茧已经与农民难以区别。有意思的是，后来还发生过同村的农民主动"对号入座"向他索要稿费之事，这可以看作是小说引起轰动后的"余波"了。

※

"含着眼泪的微笑"是陆文夫对好友高晓声作品的评价，可谓知己之语。这是由于高晓声那过于凄惨的身世几乎没有亮色，在一般人看来已是陷入绝境，而他能够坚强地挺过来，并且还能重返文坛，写出有深度、有影响的小说，他身上所蕴含的非凡的勇气和生存的智慧实在令人佩服。

高晓声1928年出生在原武进县（今属常州市）郑陆镇董墅村一个农民家庭，中学时代因经济原因曾三次中断学业，全靠父亲的朋友相助才读完了中学。但他学习很刻苦，尤其是写得一手好作文，经常受到老师的表扬、同学的传抄。但他远超同侪的笔法也曾被老师误以为他的作文抄自当时流行的《模范作文》一类书籍。这样的误解反而使高晓声深感得意，也更加坚定了他"当文学家"的信心。1948 年高晓声考入上海法学院（今上海财经大学）经济系（父亲不让他报考"毕业即失业"的文学系）。不到一年，高晓声便回到了刚获得解放的家乡，考入苏南新闻专科学校就读（这一届只招生 250人）。这所学校在当时可谓远近闻名，与高晓声同期就读的同学中就有京派作家的代表人物林斤澜以及后来名动全国的北大才女彭令昭（林昭）。

1954 年，高晓声以新婚姻法为背景创作的短篇小说《解约》刊登在巴金创办的《文艺月报》上，引起了文坛广泛关注。那时候他的作品就显露出了自己的特点。有着"文坛伯乐"之称的章品镇先生评价道："他的文学语言全像在说话，顺溜溜淌出来却又粘又糯，很有咬嚼，吸引着读者非看完不可。"但这样的语言并非一蹴而就，高晓声曾经透露过古代散文对自己的影响："无论写什么，都会一面书写，一面默诵，我的脑海里会不断想起语言的节奏，像乐曲一样，你一觉得走调，就要反复去修改。"

正当他才华初露，想在文坛大展身手时，一场政治风暴的来临中断了他的文学梦想。1957 年，因与方之、陆文夫、叶至诚等青年作家一起组织、创办"探求者"文学社团和同人刊物，高晓声被打成"反党小集团"成员，同年 12 月被错划成右派分子，发回原籍劳动改造，成了一名彻头彻尾的农民。祸不单行，与他结婚一年多

写作中的高晓声

的妻子因病于 1959 年去世。此后，高晓声还因患肺病做手术，拿掉了四根肋骨、切除了一叶肺，才保住了性命。在农村，像他这样的"半残"身体只能干些轻活，能在各种"运动"中得以幸存着实不易，但他硬是坚持了下来，直到 1979 年获得平反后才重返文坛。

"一九五八年三月十日早晨，经过二十一年零十三天，即到了一九七九年三月二十三日早晨七时。"这段"被踢出文学队伍"的日子成了高晓声刻骨铭心的记忆。

高晓声的好友林斤澜非常理解他的境遇。林斤澜曾说过高晓声有两个"最"："冤案最冤，婚姻最惨。"但高晓声并没有一味沉溺于个人的苦难中，复出后的他把在农村的生活观察与积累转化成了小说，于是有了享誉文坛的《李顺大造屋》《陈奂生上城》等系列小说。他从 1979 年开始连续六年出版六本年度小说集，这样旺盛的创作势头便是他厚积薄发的结果。

高晓声的小说《解约》早在 1956 年就由我们《中国文学》杂志译介到了海外。到了二十世纪八十年代，他连续有七篇中短篇小说刊登在我们杂志上，译文数量远远高出同时期的作家，并有英文版小说选集出版。有一家德国的文学杂志还专门刊登了有关高晓声创作的长篇评论，足见其作品影响深远。

※

我原以为享有盛名的高晓声先生可能不好亲近，但一接触才发现，生活中的高先生是一个毫无架子、性格随和、心地善良的老前辈。

二十世纪九十年代初我到南京采访作家储福金时，正好碰到《天津文学》的编辑康泓向他约稿，为人实诚的储福金让我们退了旅馆到他家住下，我也算是近距离感受了一番作家的日常生活。时任江苏省作协专职副主席的赵本夫先生非常支持我们的工作，特意安排了一次聚会，邀请正在南京的作家们参加，我就是在这一次聚会中同时见到了陆文夫和高晓声两位前辈。

陆文夫是我们杂志的重要作者，他的《小贩世家》《美食家》《清高》等小说就是由我们刊物译介到国外的。我在北京时曾经见过陆文夫先生，这一次在南京见到他，我自然是格外高兴。我与高晓声则是初次见面。当时我就坐在他旁边，因为我能"听懂"他口音很重的常州普通话，高先生显得很高兴，因此他跟我聊得也比较畅快。

我当时负责《中国文学》外文版和中文版选刊的编辑工作，平时会大量阅读发表在全国各类文学期刊上的作品。高先生希望我把好的作品推荐给他看，于是我便定期把中文版刊物寄到他家里，他也因此称我为"益友"。他在来信中说"你的样子我还记得"，还说我和她以前的女友同一个姓，"后来往美国飞了"。这可以说是高先生在不经意间透露的一个小秘密吧。

高晓声先生好酒是出了名的，甚至发生过因与作家好友喝酒而忘了开会的事。他详述自己喝酒经历的散文《壶边天下》，可以视为一段酒后吐露的"真言"。因为在几次聚餐时了解到我也喜欢喝点黄酒，和他有"同好"，高先生在来信时也特意提及，希望将来有机会还能"重续雅事"。

我们杂志社很重视来自世界各地的读者来信，会定期打印出来作为工作成效的参考之一，我们也会把这些意见反馈给有关作家。有一次我把一篇国外读者对高晓声的小说评论译好后寄给他，他很高兴看到自己的作品在海外也有知音。高先生会把刊有他作品的报刊告诉我，让我"顺便看看"，我也会及时寄上我的"读后感"。他曾谈及他的创作状况，说到最近发了不少散文，但随即便表示：有时间还是想多写小说。由此可见小说创作在他心中的分量。

高先生是个很有幽默感的作家，他的幽默在小说中常以"村言土语"的形式来表现:"精明人家的门闩也能舂得米""说真话,扶着这种人前进,手也真酸";而在日常生活中,他的幽默也相当"别出心裁"。比如,他在二十世纪七十年代末被安排住在 24 块钱一晚的两人间,他会非常心疼地感慨:"一块钱的骨头困在十二块钱的床上。"再如,他受邀给一家位于秦淮河畔的餐馆题字,他先写了一句:"千里长江入秦淮——"看上去颇有气势,正当大家猜想他会以怎样的妙笔束尾时,他却有点慢条斯理地写下了很"白"的四个字:"休息一下"。这也是他惯用的幽默手法。

有一段时间我没有收到高先生的来信,后来才得知他是因病住院了。出院后他便给我写信,还不忘调侃几句:"这一年来,老毛病不断上新台阶,大有送上高楼拔矮梯,送掉我的小性命",完全是高晓声式的幽默。幽默过后,他又严肃地思考了一下生死问题:"从前对于死,总弄不清是怎么回事。你想,一个人的灵魂是怎么离开身体呢?从哪一个洞里钻出来呢?现在好像死过一次了,才明白不是让灵魂钻出躯壳,是躯壳拖住了灵魂不让它自由。"

这样的体悟如果不是经历过生死考验的人是难以领会到的。

对于我这个年轻人,高先生经常是鼓励有加。我曾经寄给他一本我翻译的美国作家杰克·伦敦的长篇小说《星游人》,请他提意见。高先生认真阅读后告诉我他的

高晓声手迹

体会："我青年时代也很喜欢杰克·伦敦的小说，你说他是个硬汉作家，我赞成，推颂一点说，他是个硬派作家的代表，野性十足，一派龙吟虎啸，读来既惊心动魄又胆壮态雄。"这样精准的评论可谓一语中的而又个性独具。

那些年高先生不时会去国外访问，他都会在来信中详细告知，并顺便问我有没有需要他帮忙办的事。他给我寄来新出的作品集，会非常谦虚地在扉页写上请我"评正"的字样。我正为他旺盛的创作精力感到庆幸，没想到就在我编选英汉对照版的《高晓声小说选》时，突然得知了高先生去世的噩耗，震惊之余深感惋惜。他那慈祥的笑容似还在眼前，转眼间就已驾鹤西去，真是令人痛心万分。从此我失去了一位良师，一位温厚的作家朋友！

预测宗师翁文波

　　"我把先进科学学到手的目的，就是要取来火种，播种在祖国的土地上。"

　　"一个人应该为人民利益坚持工作一辈子。"

二十世纪八十年代，位于北京西山的鹫峰国家森林公园是北大学生们爱去的一个郊游之地，因为它离北大校园只有 20 公里左右，可坐公交车前往，而且那里还有 1930 年建立的中国第一个地震监测站——鹫峰地震台。在一次远足中，我了解到这个地震台的创建者是我的宁波老乡——翁文灏先生。有意思的是，他的堂弟、二十世纪三十年代初在清华就读的物理系高才生翁文波也正是在这个地震台写就《天然地震预报》这篇毕业论文的。那时的我不会想到，在我毕业十年之后，因为编辑一本传记类图书的关系，我与传主——著名科学家翁文波先生还会有面对面交流的机会。

※

在宁波市郊的高桥镇石塘村有个颇富传奇色彩的家族，那就是一门走出三位院士的翁家，被誉为"科技世家"。以三位院士为代表的翁家俊彦辈出，创下了众多名载史册的"第一"。

翁文灏（1889—1971），13 岁参加科举考试成为秀才，19 岁考取浙江省官费留学生，到比利时鲁汶大学攻读地质学，23 岁获博士学位。他是中国现代地质学、地理学、地震学的创始人之一，曾任国民政府行政院院长，1948 年当选为中央研究院第一届院士。他还是中国第一位地质学博士，中国第一位考查地震灾害并出版地震专著的学者，中国第一位系统而科学地研究中国山脉的学者，开发中国第一个油田——玉门油田的组织者与领导者，编绘了我国第一张彩色地质图《中国地质约测图》……

翁文波（1912—1994），翁文灏的堂弟，1934年毕业于清华大学物理系，1939年毕业于伦敦帝国理工学院，是我国地球物理勘探、地球化学勘探、地球物理测井等应用科学的创始人。1948年他便提出了松辽盆地有油的远景预测，是发现大庆油田的功勋人物。1980年他当选中国科学院学部委员（院士），1982年获得国家自然科学奖一等奖，曾担任中国地球物理学会天灾预测专业委员会主任，中国石油天然气总公司勘探开发科学研究院总工程师、教授、博士生导师。1966年邢台大地震后，他遵照周总理的指示转行搞地震预测研究，因成功预测了1990年亚运会期间北京地区的地震、1991年江淮地区发生的大洪涝以及1992、1993、1994年美国和日本多次6级以上地震而名震海内外，被称为"天灾预测第一人"。

翁心植（1919—2012），名医翁文澜之子，翁文波的侄子，先后就读于燕京大学医预系、协和医学院等6所大学，1946年获华西协和大学医学院及美国纽约州立大学医学博士学位。他是内科学与呼吸病学专家，曾任中华医学会常务理事、中华医学会内科学分会副主任委员、首都医科大学教授、首都医科大学附属北京朝阳医院名誉院长、北京市呼吸疾病研究所所长，1997年当选中国工程院院士。他最早倡导控烟工作，被称为"中国控烟之父"。他率先在国内总结了白塞病的内科临床表现，并在国际率先报告了白塞病并发心脏瓣膜损害的病例。

此外，还有塑料材料开拓者、多种特种火柴创制人、"红双喜"乒乓球研制者翁文漪；主持修建中国第一条输油管道、被称为"中国输油第一人"的翁心源；美国总统顾问、著名钛金属专家、宁波市中原小学创办者翁心梓……

除了家族中的名人，翁文波先生的校友阵容也堪称"豪华"。他曾就读的宁波市效实中学，先后走出了屠呦呦这位诺贝尔奖获得者以及童第周、翁文波、戴传曾等15位院士。

1936年翁文波考取中英庚子赔款基金会的公费生，到英国的伦敦帝国理工学院攻读博士。

伦敦帝国理工学院是一所世界顶尖的公立研究型大学，是青霉素、全息摄影和光纤通信等技术的诞生地。翁文波选择的专业是与石油开采密切相关的地球物理勘探学。

翁文波留学期间，日本侵略者的铁蹄踏遍了中国华北，祖国和人民正经受着苦难。翁文波时刻关注着来自祖国的消息，他放弃了课外的娱乐活动，把自己所有的精力都用在学业上，希望能以自己的所学为祖国的石油地质勘探事业贡献力量。当时，美国的一家公司刚研制出一台称作"重力探矿仪"的仪器，这在当时属于石油勘探领域的尖端技术，尚处于技术保密阶段。翁文波决心根据自己学到的理论自行设计制造。在校办工厂，他一边设计一边制作，最后终于研制成功，并以此作为博士论文的实验论证。翁文波的导师看到他的成果竭力劝他留下来，几家石油公司也都纷纷开出了优厚的条件挽留，但翁文波一一谢绝了。他的态度非常明确："我把先进科学学到手的目的，就是要取来火种，播种在祖国的土地上。"

当时欧洲已是战火遍地，回国之路也变得曲折而艰险。翁文波把书箱和行李托运后，随身带着自己研制的重力探矿仪，取道法国，坐船穿过地中海，横跨印度洋，辗转一个多月，经由越南河内转到中国昆明，终于抵达自己的祖国。托运行李的那条船已被德国的炮弹炸毁，随身的行李也在艰难的路途中被丢弃殆尽，唯一让翁文波感到欣慰的是，手中牢牢捧着的这台仪器——留学数年所得的收获——完好无损。像当年怀着报国热忱归来的众多学子一样，当翁文波衣衫褴褛地踏上祖国国土时，他奉献给祖国的不仅仅是一台仪器，还有一颗滚烫的赤子之心！

这台自制的仪器后来在玉门油田的勘探中发挥了重要的作用，翁文波还借此筹备组建了中国地球物理勘探史上第一个"重力队"。

※

回国后，翁文波来到重庆，受聘为中央大学物理系教授。因为他当时只有 27 岁，所以被大家称为"娃娃教授"。在大学里教书育人，享受着月薪 400 元的优厚待遇，这样的工作在当时对许多人来说都是求之不得的事，但翁文波志不在此。当时中国东部已被日寇占领，石油运输通道被切断，大后方闹油荒，影响作战及生产，当时甚至有"一滴石油一滴血"之说。国家亟需开发油矿，翁文波自然不能安心待在远离石油的地方。他的计划是："先教出一批学生来，将来可以带出去。"因此等到条件成熟时，他毅然辞去教授一职，带着他的学生奔赴祖国最需要的地方——嘉峪关外的玉门油矿，开启了他的"找油"事业。

令人感动的是，他的行动得到了未婚妻冯秀娥的坚定支持。远在上海震旦大学上学的她立即退学，克服重重困难，绕道香港，飞重庆，到兰州，赴酒泉，最后坐着牛车来到甘肃玉门与他团聚，和他一起把家安在了荒凉的石油河畔。

作为四海为家的石油人，翁文波在野外考察时常常会诗兴大发，展露出他浪漫感性的一面。

1942 年，翁文波（左一）在玉门油矿

1957 年 7 月，在海南岛"天涯海角"乘着小船出海找油时，翁文波触景生情，赋诗一首：

三级海风五尺浪，小船摇晃出大洋。
太平洋里洗脚丫，海南天涯水生香。

1958 年冬天，在东北松辽盆地做石油勘探工作时，他写了一首《采桑子》：

北大荒上二九天，
冰雪无边，
寒风似剪，
老羊皮袄裹丝棉。

江河湖海何处浅，

决心要坚，

准备赶前，

万里英雄终领先。

这些诗篇既记录了他的人生轨迹，同时又展现出一位科学家献身祖国建设事业时的壮志与豪情。

翁文波是个爱好广泛、才兼文武的科学家：爱写旧体诗，能演英文剧，在大学里是个深受学生喜爱的风度翩翩的教授，到塞外则是骑着烈性马、一枪射双狼的传奇英雄。就连平常的养花他都能养出不一般来：他每天用尺子丈量花朵，根据花荣花枯的规律推导出了生命旋回公式，后来这一公式被命名为"Weng 旋回"。

多才多艺似乎是翁家人共有的家族"因子"。翁文波的祖父翁运高是个才华横溢的宁波名士，雅擅诗文，清同治甲子年举人，授内阁中书。翁文波的父亲翁传泗在接受传统儒家教育的同时热心新学，有着慷慨任侠的声名，年轻时身手矫健，喜好骑射。他曾加入孙中山领导的同盟会，积极从事推翻清政府的民族民主革命斗争，辛亥革命后曾担任宁波炮台司令一职。翁文波的堂兄翁文灏也喜欢吟诗作词，虽然并不以诗人名世，但在繁忙的政务与科研之余也经常写旧体诗遣兴抒怀，一生共创作了近 3 000 首诗作。

了解了他这样的家族背景，也就不难理解翁文波为什么会成为传统文化根基深厚同时又能站在现代科学前沿的科学家了。

※

　　1984年，《预测论基础》一书出版，标志着翁文波融中国古代哲学思想与现代科技为一体、以信息预测为核心的预测理论正式问世。此书的出版引起了中外科学家的高度重视，翁文波预测论的论点还被写入了国外大学教材。随着他对众多天灾的预测不断得到证实——252项（次）的各类预测中，实际发生211次，成功率83.73%——他也成了大家心目中"料事如神"的预测大师。

　　但外界对翁文波的传奇人生所知甚少，这也与翁文波淡泊名利、不事张扬的处事风格有关。同在石油系统的报告文学作家王志明决心填补这一空缺，1994年初他把一部20万字的初稿交给了我，这就是后来由我社出版的《当代预测宗师》一书。

　　这是我社成立以来第一次出版有关科学家的传记类图书。为了做好出版前的准备工作，我与作者一起去拜见了翁文波先生。

　　与那个年代许多科学家一样，翁文波的穿着非常朴素：一件白色的短袖衬衫，一条普通面料的裤子，脚上是一双黑色的布鞋。他笑容满面地跟我们打招呼，看上去气色很好，讲话时底气十足，一点儿看不出已是82

翁文波在工作

岁的老人。他那带有浓重宁波口音的普通话让我倍感亲切。得知我是鄞县老乡后他很高兴，对我鼓励有加，我也为家乡出了这样一位大科学家而深感自豪。我把出版此书的设想向他作了说明并征求他的意见。他完全同意我们所作的安排，还按我们的要求提供了不少珍贵的历史照片供我们选择。其中有一张我觉得最为生动传神，记录了翁先生迈着稳健的步伐从家中走出的瞬间，后来这张照片被用在了封面上。

可能是想进一步解释他所创立的"预测论"，或者是想强调中国古代哲学思想对于日常工作的指导意义，翁文波先生找了张白纸，在上面写下了"凡事预则立"这五个大字。对于我这个阅历尚浅的年轻人来说，这句话成了人生中一次重要的"提点"。虽然已经过去了约30年，但是当时写字的情景、翁先生用平和而坚定的语调念出这句话时的神情依然如在目前。

因为翁先生患有高血压，血压高时常达 230/140 mmHg，我很担心高强度的工作对他的身体的影响。他却没把这病当回事。我记得他当时笑着对我说："没事，你看我不吃药，也活到了八十多！"我想这可能与他年轻时打下的身体底子有关：他在清华大学读书时就是个有名的运动健将，游泳、跳水、长跑，样样都行，还在全校的马拉松比赛中获得过第二名呢！翁先生的开朗乐观感染了我，我也为他有旺盛的精力继续从事他的"预测"事业，为人类造福感到欢欣鼓舞。

翁文波先生常说："我生命的全部价值在于工作。"他认为，"一个人应该为人民利益坚持工作一辈子"。他是这样说的，也是这样做的。他把自己所有的时间与精力都投入到了减灾预测的事业中，常常忽略了已是超负荷状态工作的身体。当他接连参加几场重大的学术活动后突然倒下、得知自己罹患绝症时，他唯一放不下的是手头正在进行的研究工作。在最后的日子里，他只提出了一个要求，那就是在病房里配一台 486 微型计算机，用他的话说是要"把脑子里的东西毫不保留地交出来"。他忍受着病痛的折磨，艰难地敲打着键盘，在病房里向他的研究生们一一交代任务，把自己所有的研究成果都交给了国家……作为一位在石油和预测领域两放光彩、卓有建树的科学家，翁文波先生为国为民的磊落胸怀和高尚情操，以及强烈的事业心、忘我的奉献精神令人肃然起敬！

赵本夫的从容

"我的小说卖的不是水，而是血。"

"真正刺激我动手写小说是从看知青文学开始……城里人一犯错误就下放到农村，农村的人犯错为什么不下放到城市呢？这就是不平等，所以我要为农民说话，最早就是为了要表现农民的命运。"

"在东西方文化交流中，中国作家应保持一点矜持，不必刻意寻找认同感。异质才是文学艺术的生命。"

把作家的优秀作品改编成电影，对于扩大原作的影响力、提高作家的知名度，无疑有着巨大的推动作用。谢晋导演的《芙蓉镇》、张艺谋导演的《红高粱》《大红灯笼高高挂》等名作，对于这几部作品的原作者古华、莫言、苏童在全国乃至全世界的影响是显而易见的。赵本夫和他的作品也不例外。2004年，一部红遍全国的贺岁片《天下无贼》把原著的作者赵本夫推到了公众面前。但处事一向低调的他并没有把电影当作自己的荣耀，只是淡淡地说了一句："小说是我的，电影是冯小刚的。"他认为作家的首要任务是"写好生命中最重要的作品"。

作为一名文学编辑，最迫切的愿望就是在发现好作品时向读者"广而告之"；更进一步，便是把写出好作品的作家故事发掘出来与大家分享。我所熟悉的赵本夫便属于"有故事的人"。2021年当我来到南京再一次见到赵本夫时，他正好处于创作的休整期，使我有机会听他讲述行走天下的精彩故事。虽然三年手写两部长篇的劳累以及反复住院的折腾让他的身体"瘦损"了不少，但当他坐下来，点上一支烟，在淡淡的烟雾中讲起他初登文坛的经历、谈及尊敬的师友时，他的脸上立即焕发出了特别的神采，声调也变得慷慨激烈了起来。一打开话匣子，赵本夫当年的"神勇之态"复现。他开始滔滔不绝，我所做的只是静静聆听而已。

※

"不飞则已，一飞冲天。"这句话用来形容赵本夫在文坛的第一次亮相，是再合适不过的了。

1981 年，赵本夫以黑马的姿态杀入文坛，凭借着处女作《卖驴》一举夺得全国短篇小说奖，他也是该奖历史上首位以处女作摘奖的作家。

34 岁的年纪，在新人辈出的文学界应属晚成。当时不少同龄人早已成名成家，而赵本夫还是个名不见经传的新人。但他的出手不凡已令人感受到了他的"大器"品质，也被文学前辈们寄予了厚望。

大多数作家在文学初步时都曾有过大量的退稿经历，路遥、莫言、贾平凹等名家就是从这样的历练中走出来的。余华曾很幽默地谈及当年："邮递员都懒得敲门，往往是把大信封往我们家院子里一丢。根据声音的轻重，我就能猜出是用稿还是退稿。"

赵本夫算是其中的幸运者，他几乎没有遭遇过退稿。虽然在上中学时就有了当作家的梦想，但因为政治气候的关系，他一直没有动笔，一直在思考、积累中等待。他希望自己像北方寒冷地区的树种，虽然长得慢些，但要实在一点，不要空心。他再三告诫自己的一句话是："要沉住气，再沉住气。"

因此，当他终于动笔，在 1981 年的《钟山》和《雨花》杂志接连发表两篇小说，直接摘得全国短篇小说奖的桂冠也便是水到渠成的事了。

对于赵本夫这位"文学新人"的名头与其作品的老道所形成的巨大反差，很多人深感惊讶。赵本夫到北京领奖的时候，担任这届评委会副主任的张光年（光未然）先生专门去看望他，惊奇地问他："看你作品的结构能力和文字非常老辣，怎么才开始写作？"赵本夫把自己的经历，包括简单的家族故事和文学准备讲述了一遍。他说自己的家乡在苏鲁豫皖四省交界处，很偏僻，不认识作家朋友，也不认识编辑，只能靠读文学经典感悟文学。张光年笑了："幸亏你不认识当时的作家和编辑，那个年代，他们告诉你的可能都是错的。幸亏你阅读了经典，从经典中接触文学，理解文学，你走的恰恰是正道。"

由此赵本夫也从一个文学的看客，进入了文学的赛道。他开始以自己的笔力与老少五代作家、与成千上万的文学爱好者一起同台竞技。

※

有两位前辈作家对赵本夫的文学之路产生了非常重要的影响：一位是他曾经正式"拜过师、行过礼"的汪曾祺，另一位则是以热心扶掖青年作家著称的丁玲。

在南京见到赵本夫时，我曾问及他与汪曾祺先生的"师徒之缘"。赵本夫非常珍视这一段情谊，他对当年的情景记忆犹新："1982年春天，我到北京去领全国短篇小说奖时，曾与一同获奖的林斤澜、刘绍棠、汪曾祺到北海公园游玩。记得是林斤澜先生提议说：'小赵，你是写乡土生活的，汪曾祺也是写乡土生活的，你拜个老师不好吗？'在一旁的刘绍棠先生也随声附和。汪曾祺先生连忙说不要不要。我正求之不得，连忙退后几步，恭恭敬敬地朝汪先生鞠了一躬。汪先生走过来一把牵住我的手，朗声笑道：'咱们可是同科进士，以后互相学习！'此言一出，几个人都大笑起来。"

1990 年，赵本夫临危受命，离开家乡来到南京担任江苏省作协的专职副主席。一直对他关爱有加的汪曾祺先生特意画了一幅画并题写了一首诗送给他：人来人往桃叶渡，风停风起莫愁湖。相逢屠狗毋相讶，依旧当年赵本夫。"我知道这是他对我的期望。南京是个衣锦繁华之地，不管人来人往，风停风起，要守住自己的本色，坚持自己的文学理想。"赵本夫动情地说。汪曾祺的低调与从容深深地影响了赵本夫的写作理念与处世态度。

二十世纪八十年代，赵本夫考入了丁玲创办的文学讲习所（后改为鲁迅文学院），专修文学创作。赵本夫获全国短篇小说奖时就是丁玲颁的奖。丁玲很关心赵本夫的创作状况，到文讲所时还特意问及他因一篇引起争议的小说在当地受到不公正对待之事。她的关切与鼓励令赵本夫至今感念。

有着丰富的人生阅历与写作经验的丁玲，在给文讲所的青年学员们讲课时也会把自己的写作心得倾囊相

丁玲（左四）与赵本夫（左六）交谈

授。她叮嘱大家：写每一部作品都要倾尽全力，不要保留，要把需要用的、自己的积累都砸进去。不要怕生活枯竭，写下一部时还会有东西冒出来，就像井水，是打不尽的，打完一桶还会有一桶水冒出来。

文学前辈丁玲的这番点拨令赵本夫茅塞顿开，并且使他在后来的创作实践中受益无穷。

※

赵本夫是个具有工匠精神的作家。

对待自己热爱的写作，赵本夫的态度可谓虔敬之至，哪怕写一篇短文也从不马虎。

赵本夫的书房

他说过："我不是一个多产的作家。我的每篇小说几乎都要先在脑子里活上两三年，然后时机成熟才能拿出来。"

这样的写作方式要求作家能耐得住寂寞，抵得住诱惑。在大多数作家都用电脑写作的今天，赵本夫却坚持用钢笔在稿纸上手写的传统方式。这样看似有点"笨拙"的方式反而使他拥有了一种悠然从容的创作心态。他认为，好作品还是要用手写。他的创作方式就像一个精耕细作的农民，只不过他是以笔代锄罢了。

从某种意义上说，正是深度决定了高度。为了写一部二三十万字的长篇小说，赵本夫经常会酝酿十年或者二十年。等到动笔时，他已经把情感浸透，把语言揉熟，并且"砸进了"自己所有的积累。也正因为下足了别人不肯下的功夫，当他沉潜日久、蓄力已足，高高跃起时那一道在空中划出的漂亮弧线才会令人羡慕不已、惊叹不止。

赵本夫的长篇小说《无土时代》（2008）入选人民文学出版社"新中国60年长篇小说典藏"系列丛书；《天漏邑》（2017）获得首届汪曾祺华语小说奖唯一的长篇大奖；荣获百花文学奖的长篇小说《荒漠里有一条鱼》（2020），则以史诗般的气魄书写了绝境中生命的坚韧和强悍，是赵本夫再次实现自我超越的作品。到目前为止，他的作品已被译成英、法、德、日、俄、挪威等十余个国家的语言在海外出版，其中《荒漠里有一条鱼》已有英、法、德、西等文版在欧美面世。

除了长篇大作，赵本夫的短篇小说同样精品迭现。他所创作的《卖驴》《绝唱》《天下无贼》等名篇被选入中学语文教材。而他篇幅短小的散文，则体现出感情深沉、气象阔大的特点。所有这些作品都有一层温暖的底色，从中可以感受到赵本夫对人间的善良与美好的守护之情。

※

1947年11月，赵本夫出生于江苏徐州丰县有着500年历史的赵集古村，他的远祖是被誉为"铁面御史"和"琴鹤知府"的北宋名臣赵抃。家族与家乡的历史文化、对中外文学经典的持久阅读给了赵本夫丰富的滋养和最初的文学启蒙。但他深知用另一个视角审视地域的重要性："一个作家一定要走出去，站在更远的地方回望故乡，回望童年，这时你会忽然发现某一个故事或某一个人物有了更深刻的价值。"

身在都市，心向旷野。除了心心念念的写作外，赵本夫最喜欢做的事就是在大地上行走了。他曾经以骑行的方式沿着黄河故道采风，也曾风餐露宿地"穷游"大西北，体察底层百姓生活。这样的经历极大地拓展了他的视野，为他的创作积累了丰厚的素材，也为他看待世界的方式提供了另一个维度。尤为重要的是，这样的行走方式也使他活力满满，元气充盈。

有了这样充足的底气，才使得赵本夫在走出国门向世界"说明"中国时显得那样的自信与从容。

在德国慕尼黑演讲时，赵本夫充分展示了他"借故事说话"的能力。在会场门口，他注意到有个小伙子骑了一匹白色的骏马来参会，马鞍两侧挂着一对漂亮的马镫。赵本夫就从这一被欧洲人称为"中国鞋"的马镫讲起，告诉现场的听众：中国早在南北朝时期就发明了马镫，大约一千年前通过丝绸之路传到了欧洲；马镫的使用极大地提高了骑兵的战斗力，甚至改变了战争进程和历史走向。一个小小的马镫竟然如此神奇，中国人的智慧令在场的德国听众深感佩服。

有记者问他："为什么中国会有那么多的问题？"赵本夫回答说："因为中国在做事。以前做不了太多事，问题就一个：穷。做事了，一个问题就会变几个，再做事，就会变无数个。"他的机智回答赢得了满堂喝彩。

在谈及东西方文学交流时，赵本夫主张中国作家应保持一点矜持，不必追求认同感，异质才是文学艺术的生命。如果全世界都是一个样子，这个世界将索然无味。

当赵本夫率领中国作家代表团来到丹麦，把自己的中文版作品送给丹麦作协的秘书长时，这位秘书长很遗憾地表示：可惜是中文，自己看不懂。赵本夫通过翻译告诉她："看不懂没关系，把它锁到箱子里，等到你的孙子学会了中文，你再拿出来给他看，肯定还是好作品！"这位举止优雅的女士听了哈哈大笑，立即给了他一个热情的拥抱："赵先生这么自信，我喜欢！"

这就是元气充沛的中国作家——自信而又从容的赵本夫。

本夫本色。

谦谦学者陈平原

"对于当代中国人来说，在哪里念书，远比在哪里出生重要得多。这里强调的，不是日后就业的概率、升迁的速度，而是校园生活作为精神纽带，对于走上工作岗位者，依旧起决定性作用。"

"如果有一天，你半夜醒来，发现自己已经好长时间没读书，而且没有任何负罪感的时候，你就必须知道，你已经堕落了。不是说书本本身特了不起，而是读书这个行为意味着你没有完全认同于这个现世和现实，你还有追求，还在奋斗，你还有不满，还在寻找另一种可能性，另一种生活方式。"

在学术界，陈平原先生可谓大名鼎鼎。

在有幸结识陈平原先生之前，我便听说过他的种种传闻：从中山大学研究生毕业后来到北大，成为王瑶先生的第一个博士研究生（也是北大中文系招收的第一个博士生）；与钱理群、黄子平一起提出"20世纪中国文学"命题，曾经名噪一时；北大举行百周年校庆时，与夏晓虹老师一起主编《北大旧事》，与当时影响巨大的畅销书《北大往事》"二分天下"；他名字中"平原"二字的由来更是含义深远：取自屈原，名平，字原……

直到2001年，我才因书结缘，有机会认识了陈平原先生，并先后担任了他两本图书的责编。

※

事情的起源还得从陈平原先生担任"曾经北大书系"的主编说起。我当时是与我们的总编周奎杰女士一起去向他约稿。

陈先生位于西三旗的家就像是一个大书房。除了书柜里丰富的藏书外，他家的茶几上、沙发上到处都堆着书。既有专业著作，也有闲暇时翻阅的书籍，还有不少则是出版社寄赠的新书。看着在"群书"包围中与我们侃侃而谈的陈先生，我想，用"坐拥书城"来形容他是再合适不过的了。

最初我们的设想是出版一本他的学术书。陈先生答应以后有了合适的书稿与我们合作，但他有意提携年轻学者，把此次出书的机会让给已经作出成绩的学生们。于是他向我们建议，可先出一个以北大毕业生为作者的小说、随笔、学术评论系列，由他担任主编，并为丛书起名"曾经北大"。

对此，陈先生解释说："对于当代中国人来说，在哪里念书，远比在哪里出生重要得多。这里强调的，不是日后就业的概率、升迁的速度，而是校园生活作为精神纽带，对于走上工作岗位者，依旧起决定性作用。""邀请众多'曾经北大'的新老学生欢聚一堂，或吟诗作赋，或微史论文，基于一个简单而执着的信念，作为北大人，有责任守住蔡先生所提倡的老北大的精神传统。也正因此，本书系只求作者临文以敬，待人以诚，而不强求体裁、主旨、风格的整齐划一。"

这就是我们出版橡子的《王菲为什么不爱我》、余世存的《我看见了野菊花》、迟宇宙的《声色犬马》等图书的缘起。

后来陈先生履行承诺，把他以前出过的一本学术书《千古文人侠客梦》交给了我。这本书写于1990年。有人称此书"别有幽怀"，对此，陈先生既不肯定也不否定，但他承认正是凭借这一工作，重新感受了生活的意义，也重新理解了学者的使命："希望学问与人生合一者，往往借著述丰富人生，甚至将其作为危急时刻自我拯救的有效手段。正是在这个意义上，未曾有宏篇巨制问世的我，也都有值得自己永远怀念的写作。"

这是一部武侠文学类型研究专著，也是一部充分展露陈平原先生才情与学养的作品，语言简净，气韵生动，再加上张弛有度的叙述节奏，给人以非常愉悦的阅读感受。尤为难得的是，这也是一贯谦虚的陈先生自评较高的一部书，他曾说："要说写作时精神饱满，思路流畅，中间基本上没打嗝，可称得上一气呵成的，《千古文人侠客梦》庶几近之。"

在陈先生已然"等身"的著作中，此书是最为"名声在外"的。广大的武侠迷构成了这本书基本的读者群。这一部学术性与文学性兼备的图书属于既能站得住书架，又能常握在手里反复阅读的经典。如何使这本旧书焕发出新的活力？陈先生为我们贡献了不少好点子。

陈先生一直很重视图书的装帧设计。他曾说："朋友赠书，未看内容，先评装帧。"在出版过程中他并不像有些作者那样交付书稿后全部交给出版社处理，而是积极地参与整个出版过程：从写序到修订文字，再到选择与文字相得益彰的插图，甚至包括印刷用纸都会一一过问。他认真细致的态度丝毫不输于出版社的编辑。

此次新版除了增补两篇文章外，还有陈先生最喜欢的晚明陈洪绶、晚清任熊两大画家"助阵"——在文中相应的位置穿插了几十幅选自《水浒叶子》和《剑侠传》的图画，每一篇章页前用《剑侠传》的画，每一小节前则用《水浒叶子》的画，让图文之间、古今之间形成某种对话与呼应。这样的处理方式取得了很好的效果，图书出版后印数的不断追加便是最好的证明。

※

　　接下来的合作便是陈平原先生于 2002—2004 年在各大学所作演讲的结集《文学的周边》，由我和他的研究生陈洁担任责任编辑。

　　陈先生特意在序言中表明这是一本"演讲整理稿"，因为在他看来："从声音转为文字，从会场转为书斋，从听众转为读者，变化实在太大。当初台上台下的会心一笑，现在很可能变得莫名其妙；当初借助身体语言，能让听众心领神会的地方，如今也都失去了效应。更何况，还有当初急不择言，现在看来明显不妥，或者一时紧张，未能充分发挥之处。所有这些遗憾，都必须在'整理'时加以修补。"由此也可见出陈平原治学态度的严谨。

　　这份严肃认真的态度也体现在出书的过程中。我曾经就书稿中发现的问题向陈先生请教，他都会非常认真地一一作答。而对于似乎永远都去除不尽的文字上的"错漏"，他则会发出感慨："校核文字如同秋日之扫落叶，难有穷尽之时……"

　　除了平时的讲课外，陈先生经常会参加国内外的学术会议，闲暇的时间并不多。但他再忙也会把稿件带着走，并不需要编辑过多的催促。他去巴黎开会，也没忘记我们在时间上的约定，在来信中笑称自己虽然很忙，但会"努力加餐":"到了巴黎,没出去玩,首先想到的是工作,不错吧?"正是由于他"挤"时间、赶进度的辛勤付出,才使得此书得以如期出版。

陈平原先生曾透露:自家出书,放在床头把玩,单闻油墨香,就足以醉倒三五天。而在夜深人静之际,有半杯浓茶在手,与千古贤达神游天地间,也是件极为惬意之事。

陈先生有个雅好,就是出书时有意让出版社留出一部分未裁的毛边书送人。他送我的东南大学出版社出版的"书人文丛"《陈平原序跋》就属于"毛边本"。在边裁边看中,我体会到了另一番读书的情趣。

在陈平原先生看来,对于读书人,阅读、写作与书法三者是应该也是可以统一的,这也是他日常的生活方式。他的书法颇见功力,有不少图书的书名都是他自己题写(如《阅读晚清》《大学新语》《论文衡史》等)。《千古文人侠客梦》内封的书名则由他父亲——陈北先生捉笔,由此也可看出他的家学渊源。

与许多过于重视"视觉效果"、以展览为目的的书法家不同,陈平原的书法最大的特点是扑面而来的"书卷气"。他所书写的内容与他的学术追求相一致:有文气,有关怀,更有寄托。他常选取自己的诗句和对联,或者干脆从自己的学术著作中摘录一些精彩片段,体现的是"本色独造"。兴之所至,甚至还出了一本《陈平原潮汕歌谣书法月历》,这既是陈先生对家乡的厚意热

陈平原书法作品

忧，同时也表明了他作为现代文学研究者对于民间文学所持的态度。虽说这几年他已在北京、广州、深圳、台北、潮州等地举办过个人书法展览，但他却谦称自己的书法属于"学书"（兼及读书与练字），只是"略有自家面目而已"，他的目的是为书法提供另一种可能性。这些内容丰富的"书迹"映照出陈平原先生的修养、眼光和趣味，或浓或淡的笔墨背后自有学者的人间情怀在。

"少时练字重摹临，老大钞书无古今。唐宋遗风常顶礼，自家面目亦可亲。"陈先生不拘一格的"书法观"从这首打油诗中可见一斑。

※

陈先生是个严谨的学者，同时他还努力为学术增添情趣和温度。

2000年8月，在北大主持"晚明与晚清国际学术研讨会"时，陈平原先生曾别出心裁地选择陈洪绶《水浒叶子》中的"安道全"和任熊《剑侠传》中的"红线"这两幅图画作为议程表和论文集的封面与封底。会后大家纷纷索要、收藏这别具一格的设计，这也是陈先生引为自豪的创意。

而当他于 2003 年 11 月与哥伦比亚大学教授王德威共同主持"北京：都市想象与文化记忆"国际学术研讨会时，从会场的背景和看板的布置更可以看出陈先生对细节的"讲究"。他选择的是二十世纪二十年代的两张老照片：西直门与景山下的骆驼。对此，他的解释是："单有高耸的城墙还不够，配上那颇为沧桑的塞外骆驼，北京的味道这才无可置疑。"这一次他选用了民国年间大画家陈师曾的《北京风俗图》中的水墨人物，作为会议议程表及论文提要的封面与封底。这样精美雅致的"纪念品"受到了与会者的一致称赞。

陈先生把学问做得这么有滋有味，除了他本身过人的学识与才情外，自然也离不开他的学术知己与生活伴侣夏晓虹老师的"助力"。

比如，《文学的周边》的书名就是夏老师出的主意。看陈先生为书名的事情发愁，夏老师便在一旁建议："既然你是学文学出身，而教育、出版、艺术等又跟文学'剪不断，理还乱'，何不就叫'文学的周边'？"如此知心的一席话令陈先生茅塞顿开。

再如，陈先生坦陈：《中国小说叙事模式的转变》之得以完成，"还有赖于我的妻子夏晓虹的鼎力相助。

陈平原、夏晓虹夫妇在日本北海道

这不只是指精神上的鼓励和生活上的照顾，还包括在本书写作过程中，提供很多精彩的材料，允许我引用她尚未正式出版的专著中的某些观点，以及作为第一个读者，对本书的每章每节提出许多建设性的修改意见"。

而对于《大英博物馆日记》一书，陈先生更是直言"得益于夏君的激将与宽容"。

由于研究的方向与兴趣时有交汇之处，陈先生曾与夏老师一起主编或编注过不少图书，比如《二十世纪中国小说理论资料》《触摸历史：五四人物与现代中国》《图像晚清》等等，不一而足。他们俩在做学术研究时互相启发、激励，在生活中更是举案齐眉，形影相随。在京都访学时，两人在讲学之余，骑着自行车游遍了日本的大街小巷。陈先生非常怀念这种无拘无束的海外游历。他曾经深情地回忆："在'举目无亲'的异国他乡，放下平日里不得不支撑的'师道尊严'，像中学生一样，挎上背包，带着字典和地图，和妻子手拉着手，走在伦敦的大街上，偶尔还连蹦带跳。直到有一天，玩得太入迷，把腰扭了，这才意识到年岁不饶人。"

在美国的哈佛大学、哥伦比亚大学、迪斯尼乐园，在日本的宫岛、北海道，在英国的福尔摩斯博物馆，在德国、在捷克，都留下了他们夫妇同游同乐的美好时光……

真是一对令人羡慕的神仙眷侣啊！

长着洋面孔的中国人爱泼斯坦

"个人的生命同民族和社会一样，在物质上它们都会终止，但影响会留存下来，成为更大潮流的积极或消极成分。在某种意义上，所有人类活动——个别的或集体的——都是一次未完成的革命，它有多个阶段，这些阶段本身可能成为主要的历史分水岭。"

在位于北京西城百万庄的外文局大楼里，常常能见到不少洋面孔。他们有的是专门为外文版杂志或图书定稿的专家，有的是从事中译外工作的外籍员工。其中有一位老专家身份比较特殊，他就是《今日中国》杂志社的名誉总编辑爱泼斯坦先生。同事们喜欢称他"艾培"，年轻人都尊称他为"爱老"。

　　爱泼斯坦先生虽然长着张洋面孔，却早在1957年就由周恩来总理特批加入了中国籍，成了一名中国人。他经常说的一句话是："我有颗中国心。"甚至在写回忆录时最先想到的书名也是"我的中国心"。说到与中国特殊的缘分，还得从他传奇般的经历讲起。

※

　　1915年，爱泼斯坦出生在波兰华沙一个犹太人家庭，1917年随母亲到日本，后辗转来到哈尔滨，后来因形势的变化没有回到自己的出生地，而是留在了中国，这一留就是八十多年。

　　爱泼斯坦的父母都是革命者，曾是波兰进步组织"犹太劳动同盟"的重要成员。这样的家庭背景对于爱泼斯坦民主进步思想的形成产生了重要的影响。

　　1931年，爱泼斯坦进入天津的京津泰晤士报社正式开始从事新闻工作，并迅速成长为一名"十分杰出的、精明的新闻记者"（著名记者埃德加·斯诺语）。他所具有的敏锐的目光、对新闻事件机敏的捕捉能力以及深厚的英文文字功底赢得了众多读者的喜爱。

亲历重大事件发生的现场、迅速准确地报道新闻，这是爱泼斯坦从事新闻工作以来一贯持有的工作作风。抗日战争爆发后他被派到南京、武汉、广州等地当战地记者，从前线和后方两个方面报道战事动态。他与荷兰著名纪录片导演伊文思一起奔赴台儿庄前线采访，在敌机的轰炸下日夜工作，多次冒着生命危险在战争现场采访拍照，后来又与中外记者参观团一起突破国民党的封锁到达延安，采访过毛泽东、周恩来、朱德等新中国第一代领导人。在掌握大量第一手资料的基础上，爱泼斯坦向世界人民报道了中国共产党和中国人民的英勇斗争，撰写了一系列产生了重大影响的新闻著作，其中有《人民之战》《突破封锁访延安》《中国未完成的革命》《从鸦片战争到解放》等，为宣传中国革命做出了杰出的贡献。

在美国居留期间，他积极参加宣传新中国诞生和反对干涉中国内政的活动。回到新中国后，他又积极投身到火热的建设与改革的热潮中。从1955年到1985年，他四次踏访西藏，每次间隔十年，每次访问的时间持续三四个月。采访的对象既有在当时担任全国性职务或地方新政权职务的僧俗要人，也有体验了新旧西藏巨大变化的普通百姓。通过数百次采访所作的数千页采访笔记，1976年爱泼斯坦写出了《西藏的转变》一书，以无可辩驳的事实说明了西藏从中世纪到现代化跨越千年的变化。

1944 年，爱泼斯坦在延安

　　与其他站在外面的"观察家"不同的是，早已与中国血肉相连的爱泼斯坦，是从中国内部来观察国际风云的，因此体会得也更为真切和完整。无论是在写作还是日常生活中，爱泼斯坦始终秉持的是宽广的国际视野以及与中国同呼吸共命运的博大情怀。

　　对于中国革命乃至世界革命的看法，他都是在这样的高度上加以认识的。至于个人的恩怨及名利，他看得很淡泊，从不放在心上。即使是在"文化大革命"中受到不公正的对待，被当作"国际间谍"坐了三年牢，他也从不诉苦，出狱后马上投入紧张忙碌的工作中。

※

　　二十世纪三十年代，爱泼斯坦在上海一家英文爱国杂志《中国呼声》上发表的一系列文章引起了保卫中国同盟创始人宋庆龄的注意，同时开始了他们之间长达四十余年的深厚友谊。在香港参加保卫中国同盟工作时，他们是亲密的战友。爱泼斯坦在美国居留期间遭受政治迫害时，宋庆龄向他发出了热情的邀请。他便回到新中国参加正在筹建的《中国建设》(后改名为《今日中国》)的工作，成了她的同事，为了中国的对外传播事业付出了毕生的精力。

在宋庆龄生前，曾有许多人希望能为她作传，但她都谢绝了。她说："我只信任艾培来做这件事，因为他比别人更了解我。"

为此，宋庆龄写过两封信给爱泼斯坦，1975 年 5 月首次提及，1980 年 9 月再次提及。她写道："无论如何，我想请你在我死后写我的传记，因为我对别人不像对你这样信任。"这样的重托，这样的信任，爱泼斯坦为她对自己的友情与信任深深感动。他回信郑重表示："非常乐意做这件事，我会把我的能力和精力都无保留地投入其中。"当他终于答应下来时，宋庆龄的高兴之情溢于言表。1980 年 9 月，她在信中说道："我终于可以写信告诉你，我多么骄傲和高兴，因为我最信任的朋友和同志同意为我写传记了。所有的自传都免不了表现出自我中心，所以还是让我所信任的朋友来写我的传记。我随时都准备解答你想要问的任何问题。"

为了更好地塑造出宋庆龄这位"二十世纪伟大女性"的形象，爱泼斯坦前后花了十年时间，在国内外搜集所有与宋庆龄有关的史料，到各地访问相关的当事人和史迹，甚至远赴美国采访，全然不顾自己当时已是七十多岁的高龄。从书中所附的详尽注释以及上百种中英文参考资料中，可以感受到爱泼斯坦为此书所作出的艰苦努力。

《宋庆龄》一书以亲切生动的笔调记述了宋庆龄一生非凡的经历，以及她对中国革命和建设事业所作出的巨大贡献，被视为迄今为止最权威的宋庆龄传记。此书中文版出版后，获得了首届中国国家图书奖。无疑，优质的译文为原作增了光、添了彩。爱泼斯坦在心里自然非常感谢译者沈苏儒先生所作的贡献，因此当听到别人夸奖他所写的传记时，他用他特有的幽默回应道："这不是我写的，是他写的。"这可以说是作者对译者最大的信任与褒奖了。

※

在日常生活中，爱老的幽默乐观给人留下了深刻的印象。

他曾谈到与他的第二任妻子邱茉莉相识时，自己是一个"眼睛长长的，老往上翻"的年轻人（因为邱比他个子高），并说自己"虽然个子小，但腰腿是硬朗的"。再比如，他谈到他家的一个亲戚（也叫艾培），因为个子矮小，开车时别人常常看不到坐在方向盘后的他，以至于当一辆空车滚过来时，人们就会说："艾培来了！"爱老与后来的妻子黄浣碧女士也经常开玩笑。有一次我去他家时正好见到他拄着拐杖在室内锻炼身体，黄女士走过去假装要取他的拐杖。没想到爱老反应非常快，只见他一缩手，把拐杖往另一个方向一扫，两位老人玩起了游戏！由此可见他们生活中配合的默契。

在日常生活中是如此，在经历人生的坎坷时，爱老更是一直保持着自己积极乐观的心态和幽默的处世态度。比如在谈及"文化大革命"时他与邱茉莉先后被捕、在秦城监狱被关了四年的遭遇时，他并没有一味地抱怨命运对他的不公，而是坚信历史必将还其公道。在监狱中他为自己安排各种活动，包括设计一些人名、字母顺序及语言学方面的游戏、回想自己"下臭棋"和"打臭牌"的情形、在放风时为自己偷偷摘一片草叶或野花等等。

而在他的回忆录《见证中国》中，爱老的幽默感更是随处可见。比如他曾记述湖南农民在第一次见到他和另外一个外国记者时的议论，既有鲜明的画面感，又有强烈的喜剧效果："迪恩身高六英尺以上，我站在他身旁，只到他的肩膀。一个农民问另一个人：'他们是什么人？'那人回答道：'大概是洋人吧。''为什么一个人那么高，另一个人那么矮？'那人满有把握地回答道：'他是个幼仔。'"

※

因编辑出版爱老的回忆录《见证中国》一书，我曾经去过几次爱老家，与他有过一些工作交往。

爱老当时有着众多的头衔：全国政协常委、中国福利会副主席、宋庆龄基金会副主席、中国国际友人研究会名誉会长……在一般人的心目中，这样有身份有地位的人一定很有架子，不好亲近。其实恰好相反，爱老是一个非常和蔼可亲的人。

为了便于出入（当时爱老因年事已高且身患多种疾病，需要坐轮椅），爱老购买的是二楼的房子。一进门便是一个很宽敞的客厅，靠墙的几个大书柜里堆满了他数十年积累下来的藏书。其中包括爱老作为国际著名记者撰写的数十本中英文著作，还有许多颇有价值的图书已是不可多得的珍本。

我和美编坐下不一会儿，爱老便从里屋出来，跟我们见面。那一天他的气色还不错，握手很热情有力，说话也很有幽默感。虽然他的中文讲得不是那么纯熟，速度有点慢，带着点洋口音，但吐字很清晰。尽管已是耄耋之年，但长期以来作为新闻记者所养成的职业敏感使他对周围发生的一切非常关注。他对国内外重大事件仍然非常了解并有着自己独特的见解，这一点给我们留下了深刻的印象。见我们注视着客厅上方挂着的那幅毛泽东的半身石版画像，爱老很自豪地告诉我们：那是他1944年作为外国记者采访团成员在延安实地采访时，毛泽东亲笔签名送给他的礼物，几十年来一直陪伴着他；无论是客居纽约，还是定居北京，他始终把这幅画挂在

爱泼斯坦与他珍藏的毛泽东画像

他的寓所的墙上。从爱老的神情中可以看出，这也是他最为珍视的一段回忆。

我把出书设想与合同的事与爱老交流了意见，他表示同意。因为前不久刚从医院出来，爱老的身体还需要休养，跟我们说了一会儿话后，他便由保姆陪同，进里屋休息去了。爱老的妻子黄浣碧女士陪我们在客厅里查找有关的资料。

为了更好地体现爱老一生丰富的人生经历，我当时的设想是把此书做成一本配有大量图片的插图珍藏本，用质地优良的蒙肯纸双色印刷。这一次拜访的主要任务就是挑选图片。

黄女士对我们的工作很配合，她不时从卧室里抱来一摞摞的照片供我们选择，还一张张地帮着写图片说明。有时候她忘了确切的年月，便跑到里屋问爱老。爱老的记忆力真是惊人，几十年前的照片，他都能清楚地记得拍摄的时间以及当时的情景。有的照片爱老似乎格外偏爱。记得有一次我去他家补选一些照片，当时爱老正在住院。因为觉得上一次初选的一张照片质量不太好，想另选一张代替，我便打电话与爱老商量。没想到平时很随和的爱老这会儿显得很固执，在电话里不断地跟我说"可以用嘛，可以用嘛"，那口气很像个小孩。后来黄女士告诉我：虽然那张照片不理想，但因照片里有他的养女，所以他格外重视，才会这么坚持。见爱老如此珍爱这张照片，我便尊重他的意见，答应他回去稍作处理后就选用。爱老听了后立即高兴地说"谢谢"。

令人感到欣慰的是，经过几个月的努力，我和美编一起加班加点，终于在爱老 4 月 20 日生日庆祝活动前献上了这份特别的贺礼——《见证中国》精装、平装两个版本的出版，并获得了当年优秀外宣图书荣誉奖的鼓励。令人悲伤的是，仅仅过了一年的时间，爱老便因病去世了，实在令人痛惜。

"90 后"老顽童黄永玉

"任何一种环境或一个人,初次见面就预感到离别的隐痛时,你必定是爱上他了。"

"看一万本书,就是和一万个智者对话,多划算!"

"一生遇到那么多愚蠢的、幼稚的、残暴的手段,你怎么能不去怜悯他,为什么那么傻呢?因此我要怜悯这些人为什么这么蠢?好好的一个世界怎么弄成这样!我觉得应该是:'不要原谅,也不忘记!'所以我用怜悯。"

"世界本身有顺有逆,到了逆境的时候,要用欣赏的态度来看它,站高一点,像上帝一样看自己,看自己的处境。"

他只上过八年学，却当上了中央美院的教授、中国国家画院的院士；他在画坛成名，却因写了《比我老的老头》成为畅销书作家；他是妙想天成的设计奇才，为纪念自己的爱猴画了一枚生肖猴票令邮市大涨，为支持家乡的酒厂设计酒瓶包装带火了一个白酒品牌；他80岁上时尚杂志封面，95岁开红色法拉利兜风，近百岁之年仍喜欢"快乐玩耍"，每天坚持写作、画画、捶打沙袋健身……他就是人见人爱的"90后"老顽童黄永玉。

※

1924年，黄永玉出生在湖南常德，在民风强悍、多民族聚居的凤凰古城长大。他的父母均毕业于当地的师范学校，学美术与音乐出身，曾分别担任过当地男女小学的校长。黄永玉从小就表现出了绘画天赋，在热爱艺术的父亲引导下，从五六岁开始便喜欢阅读《时代漫画》《上海漫画》等画刊，由此与画画结下了不解之缘。他有四个弟弟，其中有两个弟弟后来也成了画家，可见家族中"美术基因"的强大。

因家境贫困，黄永玉小学毕业后便跟着远房的一个叔叔到他任教的厦门集美学校去读中学。集美学校在当时集中了全国高水平的师资，也为学生们提供了理想的学习环境。黄永玉的美术与国文成绩非常出色，但他不爱上数、理、化和英文课，认为太费脑子，"长大以后肯定用不上"，因此一开学，就把刚领来的新书都卖了，换钱买急需的生活用品。初中三年六个学期，黄永玉共留了五次级，因此他自嘲说："别人的同班同学可能只有几十个，而我却有一百六十多个。"集美学校创办100周年时黄永玉曾向母校献画祝寿，笑称自己是集美"不孝的学生"。

虽说课堂上的书读得不好，但黄永玉把集美学校图书馆整整六层楼的藏书"从头到尾都翻烂了"，并且从此养成了每天看书的习惯。短短几年时间饱读的万卷"杂书"成了他流浪生活中的精神支柱，也为他后来的艺术探索打下了坚实的知识根基。

正是在集美学校，在美术老师的支持与鼓励下，黄永玉开始学习木刻，并且很快就在《大众木刻》杂志发表了自己的处女作《下场》，拿到了人生中的第一笔稿费——5元钱，那一年他才15岁。但好景不长，在一次打架受到学校处分后，黄永玉离开了集美，开始了真正的流浪生活。

在江西、福建、广东、上海、香港等地，黄永玉尝试过无数份工作：在小作坊做陶瓷小工，在码头当苦力，在剧团搞舞美，在《大公报》社做编辑，还在中小学当过老师。在此期间他结识了不少文艺界的朋友，并且遇到了他一生的挚爱——美丽的广东女孩张梅溪。在社会大学里历练既久，他也学到了一身的本领，强健了筋骨，长足了精神。渐渐地，他在美术界有了名气，能靠画画和木刻生存了。虽然生活不易，但他觉得自己

"穷得挺硬朗"。

※

黄永玉的家族中有不少颇具传奇色彩的人物。比如曾经到北京帮熊希龄创办香山慈幼院的祖父黄镜铭，比如能说出"龚璱人（龚自珍）的人品是从自己的文章里养出来的"这样深刻见解的瞎眼太婆，比如终日吟诗论文、喜欢和他大谈"水浒"的二舅。而对黄永玉的人生与艺术产生最为深刻影响的当属他的表叔沈从文了。黄永玉自己也曾多次提及这一点：沈从文的"人格力量、趣味和谈吐影响了我"。

作为"吃得苦，耐得烦，霸得蛮"的湖南人的典型，黄永玉和沈从文的人生经历有着不少相似之处：先后在同一所小学、同一个教室就读，同样是少小离家、独闯天下。黄永玉回忆道："表叔和我都是在十二三岁时背着小小包袱，顺着小河，穿过洞庭去'翻阅另一本大书'的。"当黄永玉开始创作带有自传性质的长篇小说时，更是以"无愁河"命名，我们不妨将此举视为他对沈从文的名篇《长河》所作的遥远的呼应和致敬。

虽然小时候也为见过这位亲戚但看不懂他写的书而感到懊恼，但随着知识及阅历的增加，黄永玉开始理解并喜爱沈从文"细腻、讲究"的文字，把沈从文的文学当作自己精神的滋养，甚至在逃难时都带着沈从文的书。

他的艺名"黄永玉"就是沈从文帮他取的。他原来叫"黄永裕"，沈从文建议他改名："永裕不过是小康富裕的意思，适合一个布店老板，应改成永玉，它代表永远光泽明透。"

对于黄永玉的创作，沈从文是很关注的，并为他所取得的成就感到欣喜。二十世纪四十年代，沈从文就为他的木刻作品写过专文《一个传奇的本事》，称他是一位"吸收力既强，消化力又好""技术优秀、特有个性"的木刻工作者。

新中国成立后，沈从文很快给远在香港的黄永玉写信，希望他能回到北京参加工作。1953年，黄永玉携妻儿来到中央美术学院版画系任教。由于居所接近，他们的交往相当频繁，在"文化大革命"下乡时也曾有密集的书信往来，在艰难岁月里互相安慰与鼓励。黄永玉也为沈从文的小说集画过不少精彩的插图。而令黄永玉终生难忘的一次教诲，则是缘于他创作的一幅木刻作品。

二十世纪五十年代初，黄永玉受邀为《新观察》杂志赶刻了一幅木刻插图，因为匆忙交工，效果不太理想。沈从文看到后非常生气，专门跑到他家，措辞极为严厉地批评了他："你看看，这像什么？怎么能够这样浪费生命？你已经三十岁了。没有想象，没有技巧，看不到工作的庄严！准备就这样下去？……好，我走了……"

这样的"当头棒喝"，显然是"爱之深，责之切"

的缘故。有了这样"严峻的注视"，黄永玉再也不敢懈怠，他把表叔的话当作了艺术道路上无形的鞭策。

※

2003年9月，为了配合"中法文化年"的有关活动，我编辑了一本由作家兼画家余熙采写的名人访谈录——《约会巴黎》。书中展示了40余位法国艺术家及文化名流的心路历程，包括赵无极、朱德群、皮尔·卡丹、保罗·安德鲁等。此书受到了中法双方的高度重视，并被中国政府列为"中法文化年"的官方项目。

如何传达巴黎的神韵？我在考虑封面时想到了黄永玉先生。他的散文集《沿着塞纳河到翡冷翠》中收录了不少反映巴黎生活的画作，其中一幅描绘塞纳河两岸风光的作品给我留下了深刻的印象。我想，若能把这幅画作用在《约会巴黎》的封面上，那是再贴切精妙不过了。

承蒙编辑朋友热心相助，我拿到了黄永玉先生的住宅电话，那时候他还住在北京通州自己设计建造的大宅院——万荷堂。对于他会不会同意我的用画请求，说实话，在打电话之前，我的心里也没底儿。但我当时认定这幅画作是最理想的封面方案，无论如何得去尝试一下。

大概是运气好，也可能是意念切，电话居然一拨就通。我想，以黄先生的名气和如今的忙碌程度，一定会

《约会巴黎》封面

有秘书或者助理负责处理对外的联络事务。出乎我的意料，是黄先生亲自接的电话！我按捺住激动的心情，把图书的有关内容以及我对封面的设想告诉了他。没想到他答应得非常痛快，丝毫没有某些名人常端的架子或者"倨傲"之气。他说话的语调相当轻快，似乎还略带着那么一点调皮。他说用画没问题，稿费也不要紧，希望用后能给一本样书就行。多么简单的要求！我大喜过望，赶紧说没有问题，一迭声地向他表示感谢。

很快黄先生就给我寄来了图片文件。这幅美丽的画作铺展在大勒口的书封上，很有气势，特种纸印刷的效果也很好。样书出来后我立即寄给了他。

《约会巴黎》一书出版后，受到了各界好评，此书也成了献给中法文化年的一份特殊礼物。无疑，黄先生的画作为此书增了光，添了彩。每每念及此事，我的心中都是满满的感激。

※

黄永玉有两支妙笔，一支成就了他画家的美名，一支圆了他当作家的梦想。

在公众眼里，黄永玉的画名比文名要大得多，虽然他的诗歌创作几乎与木刻同步开始（1943年在《闽中日报》发表的诗歌作品《三八那天》为他的处女作），并且早在1982年就获得了"第一届全国优秀新诗（诗集）奖"。诗人艾青的情况刚好与他相反，他以长诗《大堰河——我的保姆》成名，而他早年师从林风眠，还曾远赴巴黎学习绘画的经历则渐渐被人淡忘了。

有一个小故事颇能印证这一点。

1981年，黄永玉的第一本诗集《曾经有过那种时候》准备出版。出版社曾想邀请艾青画插图，以期"图文双美"。但艾青婉拒了，他的回答非常幽默："真若如此的话，读者看到'黄永玉诗，艾青画'，岂不要误以为是将我俩的名字排颠倒了吗？"由此可见他俩的画名与诗名早已深入人心。

黄永玉属于一专多能、心手两旺的艺术家。国画、油画、版画、木刻、雕塑，他样样精通，而在文学创作方面，诗歌、散文、小说、剧本、寓言也都有精品力作，素有"多面手"之称。

而在黄永玉的心目中，文学排在了第一位，并且将之视为自己"最倾心的行当"，而画画只是为了在经济

黄永玉设计的藏书票

上供养他的这一爱好。因此当他不再为生计发愁时，他便将越来越多的时间投入到了写作中。文思泉涌之下，《永玉六记》《太阳下的风景》《沿着塞纳河到翡冷翠》《比我老的老头》等作品一一问世也便是水到渠成的事了。

正如他的木刻作品《齐白石像》曾得到白石老人由衷地称赞："蛮像咧！"他在用文字书写人物群像时，同样有着木刻刀那样的力道，三笔两笔便把人物言行举止刻画得栩栩如生，一个个他所交往过的"比我老的老头"就这样生龙活虎地走到了读者面前。他写沈从文，写齐白石，写钱锺书，写弘一法师，都能做到声口毕肖，令读者如闻其声，如见其人。

而等到他的眼光和心胸得到充分历练后，他便开始一心一意地打造他的鸿篇巨制《无愁河上的浪荡汉子》这一系列属于"人书俱老"的作品。在近百年的人生山头回望，儿时的往事便有了别样的味道，他的文笔经岁月打磨后更显出活泼与俏皮，读来令人忍俊不禁。他在谈及小时候画漫画需要一种纸时这样写道："这种纸，纸店不常来；来了，我碰巧把钱吃了东西，只好对着铺子干瞪眼。要知道，做人家儿子时期，经济上总是不太松动的。到第二天省下零用钱赶去买纸，纸却卖光了。"

正是由于黄永玉兼具画家与诗人独特、敏锐的艺术感觉，才使得他在倾听河边铁匠的打铁声时才能听出"荡漾与回声"。

黄永玉自称写作时从不打草稿，但他"有趣的故事"已在心中酝酿了几十年，思想的成熟，情感的丰沛，早已形成"束水之势"，因此等到时机成熟，闸门一开，便一发而不可收，奔腾激荡之下，终成滔滔大河之势。与几十年前初次提笔相比，更多了份豁达和洞明："世界本身有顺有逆，到了逆境的时候，要用欣赏的态度来看它，站高一点，像上帝一样看自己，看自己的处境。"

这就是黄永玉教给我们的处世态度了。

从黄永玉的作品中常能感受到一"庄"一"谐"两种不同的风格。他以巨幅书法作品"人在作，天在看"表达愤怒，借"做一天木鱼挨一天敲"等漫画传递幽默；他用诗句"鸟，在天上／管什么人踩出的意义"张扬个性，也会说出"你们都太正经，我只好老不正经""电器里我用得最熟练的就是手电筒"这样的俏皮话令人捧腹。如果只有在众人面前"秀"出的潇洒，那么玩不出令人惊奇的艺术成就；如果只有"正襟危坐"的严肃，也不容易产出趣味盎然的漂亮文章。而能把"庄"与"谐"这两种风格结合得如此的天衣无缝，应当归结于他异乎流俗的"戛戛独造"。英国作家王尔德有言："好看的皮囊千篇一律，有趣的灵魂万里挑一。"手中握着两支妙笔，在画坛、文坛自由驰骋的黄永玉，之所以受到千万读者持久的关注与喜爱，正是由于他拥有一颗万里挑一的"有趣的灵魂"。

为赵启正做"嫁衣裳"

"一个 30 岁的人，如果他具有 40 岁的人的智慧，大体上是成功的。因为大多数的人，在 30 岁的时候只有 30 岁的智慧。"

"文化是一种财富，友谊也是一种财富。"

"中国有几件好的外衣，如北京、上海，也有几件华丽的外衣，如奥运会、世博会。但是你不知道，我里面的衣服，有旧的，也还可能有点补丁。你到各地走走就会发现，中国并不全都是华丽的外衣。"

"英国人的幽默像红葡萄酒，喝过之后还有余韵；美国人的幽默像可乐，一笑即逝，但也像可乐一样随处可得；德国人的幽默像威士忌，不是人人能品其味的，可一旦悟出，余味隽永。"

从担任赵启正的第一本书《向世界说明中国》的责任编辑开始，十年左右的时间里，我已经陆陆续续地为他编辑了十本图书了。这其中有创造了出版业"另类奇迹"的《向世界说明中国——赵启正演讲谈话录》（曾经连续加印七次，被德国的一家国际学校选作中文教材），有创下版权输出记录的《江边对话》（先后输出贝塔斯曼俱乐部英文版、西班牙文版、美国哈珀·柯林斯出版集团旗下宗德万出版社的英文版和西班牙文版等，并成为美国国会图书馆藏书），有与著名未来学家奈斯比特夫妇的对谈记录《对话：中国模式》，还有可以当作新闻发言人培训教材的《直面媒体 20 年》等等。如果说编辑的工作就是为作者做"嫁衣裳"，那么我也可以算是赵启正先生的"老裁缝"了。

※

赵启正出身于一个知识分子家庭，曾就读于著名的南开中学。父母都是南开大学物理系教授，这样的家庭背景自然也影响了赵启正的专业选择，成为中国科技大学物理系第一届学生（1% 的录取率）也便是顺理成章的事了。1963 年从中国科技大学实验核物理专业毕业后，赵启正在核工业部第二研究设计院等单位从事科学研究工作 20 余年，为教授级工程师，并且有三项发明专利。从政后，他历任上海市副市长、上海浦东新区管委会主任、国务院新闻办公室主任、全国政协外事委员会主任

赵启正（左）与笔者在交谈

等职，曾连续四次担纲全国两会政协新闻发言人。

　　在一般人看来，作为一名政府高官，又是一个经常出现在重大场合的新闻发言人，可能会不好打交道，难免会端着些官架子。一开始我也有这样的想法。但出乎我的意料，赵启正却一点儿架子也没有，见了面便热情地握手，谈话时总是能听到他那朗朗的笑声。涉及书稿的事他都是直接打电话找我，并不需要秘书代劳。他不仅在对外演讲与谈话时追求沟通的境界，在平时的交往中也很注意营造融洽的氛围。跟部下、同行甚至是食堂的服务员，他都不摆架子，时不时地还会开上句玩笑以调节气氛。平时随便惯了，大家也不把他当官儿看，他的秘书更是戏称他为"老板"。

　　赵启正对出版工作充满了热情，只要能抽出时间，他都会积极参与书稿的编辑。大多数情况下是在他位于国新办的办公室，偶尔也会因为开会路过顺便"光临"

我那小小的办公室。除了口头布置各项任务，他还会以写便条的形式随时发布各种"指示"，甚至具体到书稿托人传递时的日期与地点等细节。对于书中选用的图片，他更是一一过目。有时候记不清日期，他便会叮嘱秘书找原始记录或请摄影者核实。

赵启正对书稿有着非常严格的要求，对于已经发表过的文章也要经常增删，反复修改，力求达到最令人满意的效果。除了与有关人员一起参加编辑会议外，他自己还经常改稿至深夜两三点钟，不时与我们商讨一些技术性的问题。一部几十万字的书稿改下来，他都快成半个编辑了。从文章的大小标题、用词的选择以至具体的注释，他都会仔细考虑，再三斟酌。到了最后定稿阶段，他甚至跟我们开玩笑说："退休后我想到你们出版社去当编辑，你们要不要？"

虽然赵启正有屡删屡改、不到最后一刻不定稿的习惯，但对责任编辑还是相当尊重。他经常对我说："不一定要按我的意见改，最后都由你们定夺。"或者时不时地发短信夸奖："没有大编，哪来挖掘？何谈擎好？"结尾总不忘加一句："致崇高的敬礼！"为了减轻编辑对他这些"政治书"的思想压力，他还主动把责任揽到了自己身上："出版后有错，惟启正是问！"令我深受感动。

※

赵启正的阅历十分丰富，他的朋友圈可以说是遍及全球，并且动辄就是各国政要、商界领袖、媒体大亨等级别。而他又是个讲故事的高手，在编辑工作的间隙也会主动与我们分享他亲身经历的"名人轶事"。

比如因天气大雾，飞机不能起飞，赵启正曾经在浦东机场陪着有"当代斯巴达克思"之称的阿拉法特聊了七个小时，深受感动的阿拉法特临别时向他发出热情邀请："我在巴勒斯坦等你！"俄罗斯前总统叶利钦对茅台酒的喜爱更是令他印象深刻：本来考虑到叶利钦心脏不好，赵启正让服务员把茅台放在后面，如果他不提就不上。没想到叶利钦一看桌上没有茅台便问："上海没有茅台吗？"赵启正只好让人拿上来。叶利钦喜欢豪饮，接连用葡萄酒杯连饮了七杯才算"解渴"，最后醉倒在桌，他的保健医生也喝得酩酊大醉。赵启正还曾说起与美国前国务卿基辛格良好的私交，回忆了基辛格访问浦东时曾建议让美国人来投资陆家嘴的一栋大楼，以体现世界格局（另外两栋已分别由中国和日本投资）。在陪同法国总统希拉克参观一所中学时，赵启正曾遗憾地表示这所学校没有法语课；希拉克一听当即指示法国大使帮助安排法语教师和教材，后来这所学校很快就开设了法语课……从这些生动有趣的故事中，可以感受到赵启正所说的对外交往中"渠道要积累，还得善待，才能畅通"的深刻含义。

赵启正讲话风趣、幽默，很有感染力。比如他到访澳大利亚时曾劝当地的商人把羊毛送到上海的保税区，他说："你的羊毛放在上海的保税区，这羊毛就会'叫'。"

在记者们眼里，赵启正还是一个"News maker"（新闻人物）。有一次他的一句话"啤酒产生泡沫，但啤酒本身不是泡沫"甚至引起了上海股票指数的变动。

赵启正还非常会讲笑话，并且多是灵光一现，即兴发挥，在饭桌上尤其如此。有的事情本身并不是那么好笑，但经他一渲染（配上相应的手势、声音）也能令你喷饭。大家对吃了什么都没有什么印象，感觉是饱"吃"了一顿笑话，并且能在日后回味不已。

※

我曾旁听过赵启正与美国政客、学者的多场对话，从来没有发现他在会谈时出现"卡壳"现象。哪怕对手突然抛出尖锐的问题，他也能从容应答。除了思维缜密、逻辑性强的表达外，他还常常辅以各种事实与数据，使其回答更具说服力。这些看似信手拈来，其实与他的专业素养及平时的积累密不可分。当然，他的身边也不乏专家级的智囊人物为他贡献"好点子"。

赵启正曾跟我说过，他在担任政协新闻发言人前相当一段时间都要闭门谢客，认真准备，对于热点、敏感问题更是随时研究，设定应对策略。他笑称："辛苦程度不亚于备战高考。"并且在临近发布会时，还会有三四个星期的小组"集体作战"，"预演"可能提到的两

赵启正在接受媒体采访

三百个问题。正是由于预先做足了功课，才会有发布会现场"问题问得好，回答得更好"的双赢局面。

　　赵启正虽然是学理工出身，但他的言谈中却充满了文化底蕴。这与他多年来练就的扎实的案头工夫有关。每次演讲及谈话前他都要调阅各种资料，做许多卡片，详细了解对手的情况。有时他还把演讲稿发给在美国一所大学当文学教授的弟弟看。为了演讲成功，他曾到美国的大学先试讲，了解不同听众的感受，真正做到知己知彼。他常说："有尖锐的问题，才容易回答得漂亮；越是遇到高手，越能调动起各方面的知识储备，讲话也越能出彩。"无论是做客日本朝日电视台的直播节目，还是接受美国《60分钟》节目访谈，回答最不客气的大牌主持人的问题，赵启正总能巧妙地绕开各种各样的"陷阱"，得胜而归。

赵启正称自己从政是从外行起步的，从外行变成内行，下了很大的功夫。那时候到访中国的外国总统、总理级别的代表团，去过北京后，第二站往往会选择上海。时任上海市副市长的赵启正是当时主要的接待人。在接待过程中，他会悄悄观察他们的言行，看他们用什么语言来表达自己，用什么话题来沟通。基辛格、叶利钦、希拉克等外国政要，他都是从那个时候开始交往的。正是基于这样的学习与实践，赵启正的知识得到了更新，表达能力也有了很大的提高，为其后来开展国际文化交流活动带来了很大的便利。

※

在我的记忆中，赵启正真是个大忙人。他就像个上紧了发条的陀螺，每天都有接不完的电话，开不完的会，处理不完的公文。他的秘书标示的日程表上都是排得满满当当。在上海浦东工作时他曾破纪录地一天接待了 13 批外国人，在国外访问时他也是马不停蹄，曾在一天时间先后安排了七场重要的会见！在他身旁的工作人员对此深有感触，觉得这大领导也是不好当的。但他一进入工作状态马上就变得情绪高昂，妙语如珠，丝毫不显疲态。

同时，赵启正又是一个坐得住的人，每天都要花上几个小时阅读书籍和资料（据说他离任时从北京运回上海的书籍多达八十余箱）。看他字斟句酌埋头改稿的样子，乍一看还以为是一位老编辑呢！

对于出书方面的事情，赵启正在发表完自己的看法后，往往会加上一句："当然这只是我个人的看法，你们是专家，你们觉得怎么合适就按你们的意见办。"每次拿到样书后他都会写一些别出心裁的话语签名送我。在新书发布会现场，他还会特意点名让我与他合影，并且向大家隆重介绍我的责编身份。逢年过节的时候，他在百忙之中并没有忘记我这个"老裁缝"，总会抽出时间用短信的方式表达问候，诸如："老柴最经烧，老歌最抒情，老酒最醉人，老友情最亲。"或者是："无您精心帮助，我哪有这些书问世。感谢之至！"兴致高的时候他还会写一首短诗，比如："春光迎来新甲午，谢君来电贺马年。我知君是千里马，劳逸结合悠着点。"

而到了以"朋友圈"互联的微信时代，他的学习劲头依然十足，各种多媒体都玩得很趁手。看到好文章或短视频他也会转发给我，让我"共赏"。当他偶然间看到我的某篇文章被转发到他手里时，立即向我表示祝贺，鼓励之语既亲切又风趣："你的文笔那么流畅自然，真的好！多发表点呗！别藏着掖着呀！盼着呢！"从这些话语中，可以感受到赵启正一贯的热情与真诚。

平生风义兼师友
——赵启正眼中的汪道涵

　　学者风范，务实性格，平易近人，这是赵启正对汪老最为深刻的印象。在公众场合出现的汪道涵总是一袭西装，银发整齐，精神矍铄，面容和蔼，给人以儒雅谦和的印象。

※

1982 年，赵启正当选上海市劳动模范时在一次会上与时任上海市市长汪道涵相识。赵启正问当时在场的复旦大学校长谢希德教授：汪老是学什么的？答曰：学机械的。因为汪道涵曾经担任机械工业部副部长，容易让人顺理成章地以为他是学机械出身。而赵启正则通过汪老的讲话，猜测汪老是学物理的。问其原因，赵启正回答：因为汪老在说话中用了物理学的词儿：数量级。他觉得只有学物理的人才会用这样的词儿。后来问汪老，才知道果然不错（汪老就读于交通大学科学学院物理系）。汪老从赵启正对物理学的敏感猜出赵启正也是学物理的，并从他的谈吐推测他出身于知识分子家庭。两个有着相同专业背景的知识分子就这样相识了，并由此结成了忘年交。

他们俩见面大部分时间都在谈书。汪老曾问赵启正怎样读书、选书。赵启正说，我一般是到图书馆或是书店看书。汪老说，你脑子里没有这个问题，你就不能发现这个问题的书，再说新的领域的书你也可能不知道。怎么办呢？订一本《世界图书》，你就知道读什么书了。那上面有图书简介、书评，这是一本高度压缩的读本。因为书评是读完书后写的，里面有新的思想，可以由此了解许多事情。一本书缩成一页，你就可以对当代社会发展的一些先锋问题有一个了然，这是最省时间的。赵启正深有感触地说，他教我的这个读书方法，使我终身受益。

※

学者风范，务实性格，平易近人，这是赵启正对汪老最为深刻的印象。在公众场合出现的汪道涵总是一袭西装，银发整齐，精神矍铄，面容和蔼，给人以儒雅谦和的印象。汪老的言行举止有一种浓浓的书卷气，充满了儒雅敦厚的学者气质。他的脸上永远都带着亲切的微笑，那是乐观、自信的标志。

1985 年，美国塔夫茨大学授予汪道涵公共管理学荣誉博士称号，以赞扬他在上海市市长任内的政绩。他也是北京大学、复旦大学、上海交通大学等多所名校的兼职教授。这些头衔并非虚设，他是在课堂上主讲世界经济、政治经济、经济管理等课程的教授。正如一位美国资深记者所言："（汪道涵）胸中有盘棋，且手中有数字，非常有条理。"此外，他还有众多业余爱好：爱听外国古典音乐，爱看京剧，喜欢下围棋。

汪老饱读诗书，精通中华传统文化，这从他与辜振甫的交往中就可见一斑。

1993 年 4 月"汪辜会谈"期间，汪道涵在新加坡的董宫夏莲厅宴请辜振甫，晚宴的菜单用毛笔书写于一张专用的笺纸上，上面还印有一枝盛开的梅花。晚宴的九道菜的菜名就是汪老亲自定的，体现了汪老的智慧与诚意：乳猪与鳝片取名情同手足，乳酪龙虾取名龙族一脉，琵琶雪蛤膏取名琵琶琴瑟，董园鲍翅叫喜庆团圆，木瓜素菜叫万寿无疆，三种海鲜叫三元及第，官燕炖双皮奶叫燕语华堂，荷叶饭叫兄弟之谊，水果拼盘叫前程似锦，这九道菜名连在一起就是：你我"情同手足"，同是"龙族一脉"，今夕"燕语华堂"、"琵琶琴瑟"和鸣，谱一曲"喜庆团圆"，祝大家身体健康"万寿无疆"，海峡两岸的"兄弟之谊"定能"前程似锦"、"三元及第"。台湾海基会的成员都很珍视这份心意，纷纷在菜单上签名，带回去留作永久的纪念。

汪老当时赠送给辜振甫的礼物，是一把宜兴紫砂陶壶和一套十盒装京剧大全。5年后的上海"汪辜会晤"期间，汪老陪同辜振甫在兰心大戏院观看京剧折子戏，对京剧的共同热爱为他们的友谊抹上了浓烈的一笔。

※

赵启正回忆说：汪老喜欢读书是出了名的。在他身体尚可时，经常会有人在上海书城看到他买书，也会在下午三四点钟的时候在他家附近的高安路几家小书店里看到他的身影。老先生看到好书经常会推荐给大家阅读。不管多忙，汪老总是会挤出时间去各大书店逛，久而久之，不仅上海市的许多书店的店员都认识这位爱读书的"汪市长"，就是北京的三联书店、风入松等书店也是他时常光顾的地方，他还常与书店经理论书、选书。有一位不愿透露姓名的学者说，他以前经常在北京的旧书店见到汪老，当时并不知道他是谁，只知道大家都是书迷，有好书都会特别关注，他们俩也有暗中较劲的意味。后来经由朋友介绍，两人成为至交，经常在电话中交流思想、品评图书。

汪老把自己能支配的有限的钱都用于买书了。他每月都要购置一些书，从科技专著、经济理论到文学评论、历史专著、名人传记以及艺术类书籍等，古今中外，无所不包。

北宋著名诗人黄庭坚说过："三日不读书，便觉语言无味，面目可憎。"汪老的体会则是不可一日无书。不管回家多晚，他都会从床头的"书山"中抽取一册阅读。他在读书时并没有陶渊明在《五柳先生传》中所言"好读书但不求甚解"的名士作风，汪老是属于"好读书且求甚解"的学者式读书，并且他有个最大的特点就是不诘学，总是要结合当前的情况，研究实际问题。

汪老的学者风度、睿智的谈吐其实正是来源于他平时读书的积累。所谓胸中有丘壑，下笔皆文章。虽然从专家、部长、市长到会长，汪老的身份不断变化，但他对读书的痴迷一如从前。他把读书变成了自己的一种生活方式。

※

汪道涵学贯中西，博通古今。在他从政期间，始终不忘将中国与世界进行比较；始终不忘通过学习，使自己有一种快速应变的能力。活跃的思维、不间断地学习，已经成了汪道涵留给世人最深刻的印象。汪老兴趣广泛，政治、经济、历史、文学、宗教、科学诸领域均有涉猎。

由于晚年时经常住院，爱读书的汪老干脆把书架搬到了病房。他特意请医护人员在病房里安置了两个小书架，上面堆满了各种书籍，可供汪老随时取阅。汪老的记忆力非常好，有时秘书一时都难以找到某本书的具体位置，但汪老却能脱口而出：某本书在第几层第几格，一看果然如此。汪老对经济学方面的书很感兴趣，也喜欢看一些国际时事以及台湾方面的书。

每年的五一、十一、春节回上海时，赵启正都会去看望汪老。每次见面时，汪老都会问赵启正："你又读了什么书？这本书有什么观点？""你的评论是什么？"听到赵启正的回答之后，汪老就再加评论。汪老还会把自己喜欢的书向赵启正推荐或送他几本新出版的书。

知道汪老好书，有时在书店里遇到好书，赵启正便会买了托人带给他。"汪老的朋友都知道他爱看书，一有新书就给他寄过来，让汪老先睹为快。"赵启正说。

汪老经常组织研究人员和学者们开会，听取他们对形势的意见。无论是老一辈的经济学家，还是年轻一代的学者，无不对其广泛吸纳意见的作风印象至深。汪老把这一习惯也带到了医院。在住院期间，他也会把来看望他的专家、学者们召集在一起，让大家谈论国内外形势，发表各自的见解，由此了解多渠道的信息。有一年春节赵启正回去看望汪老时，正好遇到一群学者朋友在场。大家交谈了一会儿，汪老提议："现在请启正同志谈中日关系。"汪老很自然地让这样的一个场合变成了一个学习会。

※

2004 年 11 月 15 日，赵启正到医院看望汪老，其时汪老已处于"四管齐下"（身上插满了各种各样的管子，汪老笑称自己是"四管齐下"）的状态。赵启正看到汪老正饶有兴味地翻阅着一本高等数学，研究复变函数，不禁为其坚强的毅力而深深感动。

得知赵启正要与美国宗教领袖路易·帕罗会谈，汪老表示很赞成。他说："这十分重要，因为美国人多数信教，这次对谈讲好了会产生好的效果，不然会影响国际关系。讲话时不要用语录式，要清楚地表达你的思想，在形式上要和谐。谈好后把谈话记录给我看看。"他还向赵启正推荐了几本有关宗教的书籍，供他参考。

赵启正不得不告别了，汪老拉着赵启正的手依依不舍，鼓励他（当时赵启正刚从国务院新闻办公室主任的岗位上退下来）："你年纪不大，还可有所作为。"汪老似乎预感到自己来日无多，叮嘱他："常来看我。"可见他留恋人生，留恋朋友们。赵启正却万万没有想到，此次他与汪老的见面竟成诀别。

汪老曾对赵启正出版的第一本书《向世界说明中国——赵启正演讲谈话录》作了充分的肯定，说此书对于如何交流思想、与人沟通很有帮助，还热情地向许多人推荐。本来汪老答应要为其"续编"《向世界说明中国——赵启正的沟通艺术》一书写序的，后因身体不适，准备只题写书名，没想到汪老竟一病不起，这一愿望终于没能实现。每每谈及此事，赵启正便感到十分遗憾。

季羡林的"君子之风"

"能为国家、为人民、为他人着想而遏制自己本性的，就是有道德的人。能够百分之六十为他人着想，百分之四十为自己着想，他就是一个及格的好人。"

"自己生存，也让别的人或动植物生存，这就是善。只考虑自己生存不考虑别人生存，这就是恶。"

"我们讲和谐，不仅要人与人和谐，人与自然和谐，还要人内心和谐。"

季羡林在散步

　　每当想起季羡林先生，眼前总会不由自主地浮现出一幅他描绘过的会友情景。

　　季先生的居所位于北大朗润园的后湖旁。他在治学之余喜欢到湖畔散步，经常会碰见同住一园的张中行、邓广铭、吴组缃诸先生。这几位学者都是季先生"乐与数晨夕"的"素心人"，是他心中钦慕的君子。与我们惯用的"吃了吗""忙什么"等招呼语不同，季先生与他们相见，经常是双方相向微笑着"抱拳一揖"，然后各奔东西。偶尔"站聊"几句，也是雅言清淡，关涉的多是学界或读书的话题。试想一下：在茂林修竹、翠湖青山的背景下，几位鹤发童颜的老人每天以这样的方式相遇、呼应，堪称后湖一道美丽的风景线。而随着这几位哲人的先后逝去，这样的"君子风范"已成朗润绝唱。

※

　　我在北大上学时，虽然也常去环境清幽的后湖读书赏花，但并没有"偶遇"过季先生。直到 2003 年我才因工作关系，有幸拜见了季先生，得以当面聆听教益。

　　当时我正在编辑一套"20 世纪外国经典作家传记"系列插图本（有《川端康成传》《福克纳传》《萨特传》《布罗茨基传》《阿赫玛托娃传》等）。作者均为国内外国文学研究领域的专家、学者，包括叶渭渠、李文俊、吴岳添、刘文飞、汪剑钊等。丛书编委会希望能邀请到季羡林担任学术顾问，以扩大这套丛书的社会影响力。这一光荣而艰巨的任务落在了我的肩上。以季先生在学界的地位与名望，如果能请他出山，对于这套丛书的宣传推广来说当然是再好不过的事。但能不能请动季先生其实大家心里也没底儿，我也只能以"自古成功在尝试"这句话来给自己鼓劲儿了。好在我社的周奎杰总编正好是季先生的学生，我的同事张世林先生与季先生又是多年的老交情，有他们相助，我的心里踏实了不少。借着一次约稿的机会，我跟着他们俩前往北大拜见了季先生。

　　季先生虽已至耄耋之年，但精神矍铄，一身布衣，朴素整洁，硬朗的身板挺直如松。话语简洁，思路清晰，用季先生自己的话来说，尚处于"耳聪目敏"的状态。寒暄过后，我们的总编便把我引见给了季先生，接

"20世纪外国经典作家传记丛书"之《福克纳传》的封面

下来留给我的便是"自由发挥"的时间了。

　　这真是一次不小的考验。向一位学界泰斗陈述一个选题设想，对于我这个已从事了十多年出版工作的编辑来说，还是从来没有过的经验。激动之余，我不免有一丝紧张。季先生笑容和蔼地望着我，眼中含着一种鼓励。我把丛书的内容及作者阵容向季先生作了扼要的介绍，最后很恳切地提出了想请他当顾问的请求。对于社科院外文所这些名作者的情况，季先生自然是很了解的，有的还是他相当熟悉的朋友。季先生一边听我的叙述，一边轻轻点着头，但他一开始并没有对当不当顾问的事进行表态，他需要时间思考。其间我们主要是听他的秘书讲一些季先生的"轶事"，包括他几年前写的怀念恩师的散文《站在胡适之先生墓前》所引起的小小风波。也许是由于长期跟随季先生的缘故，他的秘书的性情也非常耿直，并且十分健谈。季先生则谦和地坐在一旁，那只平时喜欢"伴读""伴眠"的波斯猫此时正舒适地躺在他的怀里安静地"旁听"。季先生听着秘书的笑言漫谈，并不发表看法，但到关键时刻他会非常及时地补充一两句，言简意赅，颇有"点睛"之效。

作为晚辈，这次拜见季先生，我是抱着学习的心态来的，正如黄永玉先生常说的那样，"耳朵是大学嘛"。等到秘书这边的热闹话题告一段落，季先生在我身旁轻声说了一句："顾问顾问，不顾不问，不顾不问。"他是边抚弄着那只漂亮的波斯猫，边笑着对我说的。这便是季先生允诺"挂名"的一种特殊方式了。这样的回答，真是富含巧思与智慧，既体现了季先生为人的宽厚，也包含着他对年轻人的"体贴"之情。我一听连忙站起来向季先生致谢，心中的一块石头也算是落了地。

对于这套丛书的总体计划，季先生没有多说什么，但他强调了一句"三岛由纪夫是个军国主义者"，以此作为对我的提醒。我想起季先生曾经为一本抗日题材的小说集的题字："原谅，但不能忘记"，这也是季先生的基本态度。我连忙跟他解释说，此书的作者唐月梅女士是日本文学研究专家，撰写时很注意分寸的把握，我也会在审稿过程中重视这方面的问题。见我这么说，季先生感到放心了点儿，专心逗弄起怀中的爱猫来了。

※

季先生曾经公开辞谢别人强戴在他头上的三顶桂

冠："国学大师""学界泰斗""国宝"。但对于"中科院院士"这个头衔还是颇为自豪的。那是他心中珍视的一项荣誉，但也只是在重要的场合才偶尔一用。

2006年，根据国务院新闻办公室原主任赵启正与美国著名神学家路易·帕罗的三次对话内容整理而成的图书《江边对话》准备由我社出版。我同时担任了此书中、英文版的责任编辑。为了更好地宣传此书，我再一次延请季先生写推荐语。季先生慨然应允，很快便托秘书转来了他的精彩评语："这是东西方文化之间、宗教信徒与非宗教人士之间的一次真诚对话，可谓开创之举。此书对中美两国人民更好地理解对方及本国文化，具有重要意义。"此书作者之一帕罗先生则邀请了美国前总统克林顿和前国务卿舒尔茨写推荐语。

在进入封面设计环节时，我已经拿到了中美双方四位名人、学者所写的评语了。这些评语自然也是此书最好的"广告"。我准备把它们放在此书的封底位置。因为要写推荐人各自的头衔，为准确起见，我便打电话给季先生的秘书确认。当时季先生正在住院，秘书便拿着电话去征求季先生的意见。我把另外三位名人拟用的头衔跟季先生说了一遍。季先生听完后立即作出了明确的回答，他说："就写中科院院士、北京大学教授。"有了季先生这句话，我便很放心地在中、英文版的封底写下了这两个最重要的身份。这也是季先生第一次在书封上使用"院士"的头衔。其实季先生在1956年就获得了这一荣誉，当时叫"学部委员"，后来称"院士"，只是平时不曾用过。但此次是关系到国家层面，影响深远，季先生也是充分考虑到这一点才使用这一头衔的。

《江边对话》一书目前已有多种文版在全球发行，包括贝塔斯曼俱乐部推出的英文版、西班牙文版以及美国哈珀·柯林斯旗下宗德万出版社的英文版和西班牙文版等，并已成为美国国会图书馆藏书。无疑，季先生的热情推荐起到了重要的作用。他对我这个年轻后辈工作上的支持一直使我铭感于心。

※

季先生在住院期间笔耕不辍，他把几年时间积累的文稿编成一集，起了个很恰当的书名《病榻杂记》，准备出版。当时全国有好几十家出版社在"争抢"这部书稿，其中不乏实力雄厚的老牌出版社，有的还开出了非常优厚的版税条件和相当可观的首印册数。但季先生丝毫不为所动，他按照先前的约定把这部书稿交给了我们社的资深编辑张世林先生。问及原因，季先生轻轻吐出四个字："君子一诺。"可谓掷地有声。

季先生文、学兼修，著译等身，他在东方学、古文字学等领域的学术造诣举世公认，他的散文创作以"真情、真思、真美"（乐黛云语）而著称，一向被视为学者散文的代表。国学大师饶宗颐先生称季先生的文章"娓娓动听，光芒四射"，但季先生却谦称自己只是个

"杂牌军"："文笔不如作家，学问也不是很深厚。"他曾经专门论及"为人"与"治学"的关系："道德文章，先讲道德，然后再讲文章，这是基础，为人第一，学问第二。"这也是他一生践行的原则。

季先生的君子品德体现在多个方面。首先是在对师友的态度上，例如：在"文化大革命"期间顶住压力不肯参与"批斗"恩师陈寅恪；在二十世纪八十年代率先大胆地"为胡适说几句话"，后又出任《胡适全集》主编并撰写了长达一万七千字的总序，"以此报知遇之恩于万一"；到二十世纪九十年代赞誉学者张中行为"高人、逸人、至人、超人"，称他"代表了中国知识分子"。

同时也是闪耀在日常小小的善行中。季先生曾因朴实谦和的外表而被入校报到的北大新生误认为是"老校工"，请他帮忙照看自己的行李，季先生在原地站立两个小时忠实"履行职责"毫无怨言。书店老板为宣传需要来向他征集"作者签名本"，他在完成签名任务后还为对方售卖自己的新书连声道谢。

季先生的君子品德还反映在他令人钦敬的胸怀和气度里：《清华园日记》出版时编者曾建议删去个别有碍"大师"形象的句子，季先生却觉得自己从来就不是一个"圣人"，坚持按原样出版，"一字不删"；有位从前的学生拿了一部书稿想请季先生题名推荐，学生心中很是忐忑，因为"文化大革命"期间他曾参与批斗过季先生。但季先生对过去的事只字未提，在看完书稿后欣然提笔作了推荐。这一"以德报怨"的行为让这位学生感动又羞愧……

季先生在散文《清塘荷韵》中记叙了他在二十世纪九十年代中期的一段"种荷"经历。虽然此前也有不少人在后湖内陆续撒过种子，但都没有结果。直到有一天季先生收到了友人从湖北洪湖寄来的种子，局面才有了改观。可能是有感于季先生的心诚（把莲子一颗一颗认真地敲开），或者是来自洪湖的莲种确实与众不同，经过三年耐心的等待，季先生撒下的这一把种子，终于在水中生根萌芽，长势旺盛，很快便形成了"接天莲叶无穷碧"的浩荡阵势。后湖也由此变成了风景怡人的荷塘。那一池挺举的风荷，既是季先生留给世间的物质馈赠，更是一种精神上恒久的流芳。"出淤泥而不染，濯清涟而不妖"，北宋理学家周敦颐的名言不正是季先生精神品格的真实写照吗?

我国历代诗文中素有以花品喻人品的传统，如以牡丹比富贵，以菊花喻隐逸，荷花则因其高洁的品行而被称作"花中君子"。具有"香远益清"品格的季先生，他的"以荷而传"，宜矣。

奈斯比特的中国情结

"未来不是天上掉下来的，它就在我们身边，未来融于当下。"

"我在写预测未来的书时，也保留了做记者时的一些习惯。我从来不喜欢埋头著述，总是要求自己像记者一样，尽量与更多人交往，在某地住上几个月甚至几年，问问当地人的感受。我认为只有这样，才能取得一手资料，写出更生动翔实的文字。"

"当今世界有两种发展模式：西方的和中国的，但我认为中国的发展模式更好。中国是一辆跑得更快、性能更优的列车。"

图书出版是一项挑战与乐趣并存的工作。当你有机会与驰名中外的学者或作家合作，当一部优秀的书稿纯粹由一个创意或设想脱胎而来，作为责任编辑的兴奋与满足感是不言而喻的。我在编辑著名未来学家约翰·奈斯比特的作品《对话：中国模式》时，就经历了这样一个从"无"到"有"的奇妙过程。它完全是一本"谈"出来的书！

※

为奈斯比特当编辑，是一件"出乎意料"之事。

早在二十世纪八十年代初，奈斯比特便在《大趋势》一书中成功地预测了网络的兴起和全球经济一体化时代的到来。此书与威廉·怀特的《组织的人》、阿尔文·托夫勒的《未来的冲击》一起被称为"能够准确把握时代发展脉搏"的三大巨著。此书的出版也奠定了奈斯比特全球"趋势大师首席"的地位。作为八十年代的大学生，我自然也是《大趋势》等图书的忠实读者。那时的我不会想到，有一天还会和这样一位世界级的畅销书作家面对面交谈，甚至当他的新书的责任编辑！

因为此前我曾编辑过国务院新闻办公室原主任赵启正与美国著名宗教领袖路易·帕罗的对谈记录《江边对话》，对于对话体图书的出版有了一定的经验，所以当我社准备邀请赵启正与奈斯比特夫妇就"中国模式"的话题开展对话时，负责相关活动并担任相应图书责编的任务便"自然"地落到了我的头上。

2009年8月的一个下午，我在北京金融街的丽思·卡尔顿酒店第一次见到了奈斯比特夫妇。

奈斯比特先生身材高大，面色红润，双目炯炯有神。最为引人注目的是他所蓄的"海明威式"的络腮胡子，修剪得很是齐整漂亮，为他那张轮廓分明的脸增添了不少雄伟气概。虽已是耄耋之年，但一点儿看不出衰老的迹象，仍然是体格健壮，说话声音十分洪亮，不时还能听到充满感染力的朗朗笑声。当我上前与他打招呼时，他与我握手的同时用睿智的目光充满信任地望着我，我原先存有的拜见一位重量级名人所产生的压力自然也就消失了。

※

1929年1月，奈斯比特出生于美国犹他州格伦伍德一个穷苦的摩门教家庭，父亲是苏格兰人，母亲是希腊人。奈斯比特从小生活在信息闭塞的乡下，在甜菜农场里长大。为了改变贫穷的命运，没有上完高中的他在17岁时毅然离开家乡，怀着周游世界的梦想参加了海军陆战队。那时对他影响最大的书，是一本由美国传记文学作家欧文·斯通撰写的梵高传记《渴望生活》。尽管军队生活艰苦，但奈斯比特把大量的时间都花在了读书上，通过书本了解外面的世界。服役结束后奈斯比特得到了一笔奖学金，很幸运地成了犹他大学的一名临时生。凭着自己的不懈努力，奈斯比特先后获得了犹他大学、康奈尔大学和哈佛大学的文凭，并拥有 15 个荣誉博士头衔，这也是令他颇感自豪的事。

1963 年，奈斯比特来到首都华盛顿，出任肯尼迪时期的教育部长助理，后来他又担任过约翰逊时期的特别助理。"如果我能应付华盛顿那些大人物，我就能做任何事情。"怀着这样的想法，1966 年奈斯比特离开白宫"下海"，先后在柯达公司和 IBM 任职。1968 年奈斯比特创建了自己的公司——都市研究公司，以自创的内容分析法研究美国社会，由此开启了他预测未来的职业生涯。从《大趋势》（1982）到《掌控大趋势》（2017），奈斯比特在 30 余年的时间里出版的一系列"趋势"图书便是这一研究方法的成功实践。

奈斯比特曾经到越南采访过越战，做记者时养成的采访习惯极大地影响了他后来的写作方式。他在撰写书稿时，也总是要求自己在某地住上几个月甚至几年，与各个阶层的人交往，尽可能多地掌握第一手资料。他认为只有这样，才能写出生动翔实的文字，才能使自己的推断与预测更具说服力。

奈斯比特自称是个"地球人"，喜欢"环游世界"的感觉。他坦言："正是好奇心促成了我丰富多彩的经历与冒险。"1967 年，奈斯比特来到了江苏太仓，这是他第一次到访中国，从此"眼界大开"。此后他更加频繁地来到中国，先后多达 100 多次。2006 年，他索性与夫人一起到中国"安家"，在天津创建了一所非营利的独立研究机构——奈斯比特中国研究院。奈斯比特夫妇兴奋地表示：中国的故事是整个时代的故事，而我们参与到这个时代的故事中来，没有比这个更精彩、更美好的了。

除了长期的居留地奥地利，中国是奈斯比特夫妇待的时间最长的地方了。由于时常在各个城市及农村踏访，奈斯比特对中国的了解自然比其他远在国外的"观察家"们要深刻得多；同时作为一个外国人，他又有着旁观者的角度。奈斯比特能从内外两个角度来看中国，也便容易看出问题的实质所在。

对于别人口中传得很神奇的预测未来的秘诀，奈斯比特说得非常实在："未来不是天上掉下来的，它就在我们身边，未来融于当下。"他认为自己的研究方法并没有什么特别之处，用一句话就可以概括，那就是："到那个地方去！"

※

奈斯比特的妻子多丽丝是奥地利人，曾经在维也纳表演学院学习时尚与戏剧表演，后来从事出版工作，现任天津奈斯比特中国研究院院长、南开大学客座教授，并且还是个专栏作家。多丽丝看上去很年轻，一头金色的齐耳短发，目光敏锐，思维活跃，说话语速较快，工作时很讲究效率。她与奈斯比特是由于《亚洲大趋势》一书走到一起的。当时多丽丝正担任德语区重要的出版机构——西诺姆出版社的社长，在为此书的德文版做宣传推广时与奈斯比特相识、相恋，在2000年喜结连理。

作为事业上的伙伴和生活中的伴侣，多丽丝与奈斯比特一起调研，一起写作，一起旅行，一起出席会议。奈斯比特非常尊重多丽丝，多次强调他们是平等的伙伴。在接受媒体采访时，奈斯比特会提醒记者多向多丽丝提问，要不他们俩都会"不高兴"。而在他们下榻的酒店，两个人更是出双入对，形影不离，互视的眼神充满爱意，有一种随时都要流溢而出的幸福感，令旁人羡慕不已。

当被问及两人如何分工协作时，奈斯比特完全是一种美国人的直率，他会兴奋地脱口而出："我们相亲相爱！"说完便哈哈大笑，那神情就像是一个热恋中的大男孩。多丽丝则会稍显严肃地用手势制止奈斯比特一时的"淘气"，她的语调也比较理性平和，说约翰在家里是个哲学家，他的工作是在理论上描述、划定中国在道德方面的价值，而她则是一名推销员，需要努力去发掘中国的实用价值，他们共同合作来讲好中国故事。事实证明，这样的合作方式非常有效。

在工作中，他们俩互相激励、启发，《中国大趋势》等具有全球影响力的畅销书就是他们俩心血和智慧的结晶。当然，他们也会有意见不一致的时候。奈斯比特说得很坦诚："当我们有争论的时候会说，书是我们的老板，怎么做对书有利就怎么做。"这真是一个解决问题的好方法。

※

经过精心准备，令人期待的"中国模式"对谈终于开始了。

奈斯比特是"洞察时代先机"的未来学家，多丽丝是"擅长哲学思考"的奥地利人，赵启正则是具有文理学养的中国政府高官、"喜欢接硬球，擅长打反手"的论辩高手。这样一场跨语言、跨文化的思想交锋凝结成的图书，也使读者产生了很大的阅读期待。

奈斯比特夫妇喜欢用一些生动的比喻和有趣的小故事来表述自己的观点，比如在对话一开始就抛出了一个"高速公路的逆行者"的话题，来说明向西方报道中国时所面临的常被人误解的处境；对于众说纷纭的"中国模式"，则用"跑得更快、性能更优的列车"作比。而以坦率与开放著称的赵启正，则体现了思维缜密、逻辑性强的特点，同时还非常善于引导话题走向、把握谈话节奏。这三位国籍、背景、经历迥异的嘉宾，尊重差异、直面问题、坦诚交流的态度给现场的媒体记者留下了很深的印象。

奈斯比特夫妇对于中国的传统工艺有着相当浓厚的兴趣。当他们看到在我们会场旁边展厅展示的用传统缂丝技术制作的皇袍时，立即被吸引住了，一边赞叹一

奈斯比特夫妇与赵启正（右一）在交流

边向工作人员仔细询问这些丝织品的织造过程。在征得工作人员同意后，两人还非常兴奋地当场试穿并合影留念，美美地当了一回"皇族"。

此次关于"中国模式"的对话共进行了五场。中间有一个星期左右的间隙，奈斯比特夫妇专门去了一趟西藏。奈斯比特告诉我们，西藏是最令他迷恋的地方之一，很多年前他就想去西藏访问，这次终于美梦成真。要知道此时奈斯比特已届八十高龄，但他依然勇敢无畏地登上了海拔 3600 多米的拉萨，完成了"生平最伟大的一次旅行"。当我们纷纷夸赞他的这一"壮举"时，他呵呵笑着向我们透露了一个秘密，说这一切得益于他平时坚持跑马拉松的习惯。我们听后深感惊奇，同时又十分佩服他的毅力。我在现场每天都能"见证"奈斯比特先生在连续几个小时的对谈后仍然兴致盎然，毫无倦意；陪他参加中国网的采访节目、在各大高校与年轻人交流时，始终是精力弥满、谈笑风生。后来我们社又连续在北京和上海举办了多场新书宣传活动，最年长的奈斯比特先生一直是全程参加，一点儿也不需要特殊照顾。这样旺盛的精神状态显然和他平时养成的锻炼习惯、拥有一个强壮的身体有关。

奈斯比特夫妇非常支持我们的工作。当我告诉他们书中准备放几页彩插，需要他们提供相关的图片时，多丽丝很快就把一个初选的图片文件夹发给了我。我从中挑选了一组反映奈斯比特夫妇工作和生活状态的图片，以便读者进一步了解他们丰富的人生足迹。奈斯比特夫妇在忙碌的工作之余经常徜徉在奥地利美丽的湖光山色间享受二人世界。他们与各自的子女、孙辈也相处得很好，常在一起聚会，共享天伦之乐。当然也有他们非常珍视的西藏之旅，其中奈斯比特与哲蚌寺僧人在拉萨街头手拉手漫步的照片令我印象深刻。

这次对话内容经整理结集后以中、英文版出版。我希望对话双方能在正文前写一段话向读者致意。奈斯比特夫妇先写了一页英文，下面是他们潇洒的签名。有趣的是，他们还让翻译带来了一页中文，而这段文字（包括他们的签名）是翻译先写下来，他们再按照小学生"描红"的方式一笔一画认真"描"出来的。这真可以说是他们独创的"手迹"了！

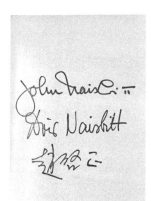

《对话：中国模式》三位作者的签名

　　继《对话：中国模式》之后，奈斯比特夫妇又陆续出版了《世界新趋势》《掌控大趋势》《大变革》等图书，以自己的著述和演说，继续讲述他们亲历、见证的中国故事。他们通过自己的不懈努力，在中国和西方之间搭建了一座有效沟通的桥梁。

　　2013 年，奈斯比特夫妇获得了"中国政府友谊奖"——这是中国政府为表彰对中国改革发展作出重要贡献的外国专家而设立的高规格荣誉，可谓实至名归。

作家的书单

马原、格非、张承志这三位名作家，都以自己丰厚的创作实力在当代文学史上留下了重要印记，这份由他们开出的阅读书单，既可以让我们由此了解他们的创作初期与这些经典作品的深切关联，同时也可看出编选者个人的修养、学识以及对于作品作出取舍的原则。

格 非 选编

更多的人死于心碎

我最喜爱的悲情小说

新 世 界 出 版 社

馬 原 选

大师的残忍

我最喜爱的恐怖小说

新 世 界 出 版 社

如何出版

诺贝尔文学奖得主与8位文学巨匠
来13种惊悚试炼

奥 萨
ery O'Criver

利 美
er Moraw

明威
l Hemingway

德 威 尔
ine Caldwell

夫 卡
z Kafka

福 纳
am Faulkner

川龍之介
sgawa Ryunaside

伯 恩
phane Duniat

雷 恩
phen Crane

桑
thaniel Hawthorne

大師的殘忍

13 則戰慄短篇傑作選

Masterpieces of Horror

是一部充满著強忍和陰森氣氛的短篇小說選集
看内容，您可能很难猜测到作者竟是這幾位名作家
此一一部讓我們閱讀這些耳熟能詳文學大師黑暗的一面！

張承志

彼岸的浪漫

我最喜爱的浪漫小说

新 世 界 出 版 社

了解作家们创作上的师承对于文学研究者及读者来说都是一件很有意义的事情。冯骥才就曾说过自己的创作与俄罗斯作家契诃夫和屠格涅夫的关联。莫言并不讳言他的早期作品深受拉美"爆炸文学"的影响，尤其推崇哥伦比亚作家加西亚·马尔克斯的作品。铁凝也常提及自己少年时代便能熟背孙犁的作品，也曾从罗曼·罗兰的《约翰·克利斯朵夫》和蒲松龄的《聊斋志异》等作品中汲取丰富的营养。但他们并没有亦步亦趋，而是在"响亮的继承之后适时地果断放弃"，并且逐步形成了自己的风格，走出了一条全新的文学创作之路。

　　从 2002 年开始，我和我的同事王方红一起策划了一套"我最喜爱的小说"系列图书。我们的初衷是想邀请在小说创作领域成就卓著的名作家们编选一本对他们的创作产生过重大影响的经典名作选集，这也是我们向中外文学史上那些影响了无数作家的名家大师表达敬意的一种方式。

　　马原、格非、张承志这三位名作家，都以自己丰厚的创作实力在当代文学史上留下了重要印记，这份由他们开出的阅读书单，既可以让我们由此了解他们的创作初期与这些经典作品的深切关联，同时也可看出编选者个人的修养、学识以及对于作品作出取舍的原则。而对于想了解作家的读书生活的广大读者来说，则不妨把这些篇目当作作家创作的"背景注",或将之视为书海中的"一瓢之饮"。

※

这一系列的开篇之作便是马原所编选的《大师的残忍——我最喜爱的恐怖小说》。

马原是当代"先锋派"小说的代表作家之一,被称作中国当代实验文学第一人,对于年轻作家产生过广泛的影响。毕业于辽宁大学中文系,曾在西藏工作、生活了七年。代表作有《拉萨河女神》《冈底斯的诱惑》《虚构》等。90年代初曾拍摄大型电视系列片《中国文学梦——100名作家访谈》。2000年调入同济大学,任中文系教授。出版有长篇小说《上下都很平坦》《牛鬼蛇神》《姑娘寨》等。

马原曾经说过:"我是世界上很少的专门研究小说的人。"因此他在基于个人阅读经验的基础上编定的这一选本就显得非常特别。他认为,文学的最高妙处是藏,或者隐,而不是显。这既是他对自己叙事的要求,也是他的一个编选思路。这一点我们可以从他不无偏爱地把自己的一个短篇《旧死》收录在内得到印证。

按照马原最初的想法,他有意将这本书直接命名为"杀之书"。如果单从内容上来说,这一书名确实是很贴合主题,因为所有小说的情节都指向"杀"与"被杀"的种种细节。但我们考虑到这样的书名可能会引起误读，它所产生的社会效果并不能与出版的初衷相合，于是在与马原商讨后，最后确定了现在的书名：《大师的残忍》。

马原说他不喜欢做沙里淘金的事（这正好是我们编辑每天所做的工作），他希望读者直接读经典作品，因为它们"已经被一代代人淘过了，是真金白银"。因此他为我们开出的这份阅读书单（共 17 篇），全都是经过时间检验的巨匠名篇。我们先来看一下这一份目录：

（哥伦比亚）加西亚·马尔克斯的《一件事先张扬的凶杀案》

（法国）普罗斯佩·梅里美的《马铁奥·法尔科内》

（美国）威廉·福克纳的《纪念爱米丽的玫瑰》

（美国）欧内斯特·海明威的《世界之都》《阿尔卑斯山牧歌》

（日本）芥川龙之介的《罗生门》《地狱变》

（阿根廷）豪·路·博尔赫斯的《等待》《第三者》

（奥地利）弗兰茨·卡夫卡的《在流放地》

（美国）厄·考德威尔的《星期六下午》《跪在朝阳下》

（中国）马原的《旧死》

（法国）大仲马的《德·冈热侯爵夫人》

（美国）弗兰纳里·奥康纳的《善良的乡下人》

（美国）斯蒂文·克雷恩的《蓝色旅馆》

（美国）纳撒尼尔·霍桑的《拉帕其尼医生的女儿》

这些作家们的声名对于文学爱好者来说自然是如雷贯耳。同一个杀戮的主题，作品的结局大同小异，关键看大师们如何结构故事，营造气氛，通过高超的叙述技巧引人入胜，给人以艺术上的美感。把这些名篇排列在一起，颇有让大师们"同台竞技"之效，读起来相当过瘾。

与所选作品重在短小精悍相呼应，马原的序言也写得言简意赅，文字犀利精准，紧扣"杀人"主题，把大师们苦心经营的名篇进行解构，点出他们种种奇巧构思中的"残忍"之处，非常的直截了当，最后的结语也相当直白："受大师恩惠良多，中毒也多。"

马原的行家眼光得到了市场的印证，除了很快再版外，还在书展上被台湾的出版商看中，立即向我们购买了中文繁体字版版权。

※

清华大学教授、茅盾文学奖获得者格非编选的是《更多的人死于心碎——我最喜爱的悲情小说》。

格非毕业于华东师大中文系，与马原同为先锋文学代表作家。主要作品有《迷舟》《褐色鸟群》《塞壬的歌声》《春尽江南》等。他的中篇小说《隐身衣》曾获老舍文学奖、鲁迅文学奖，长篇小说"江南三部曲"——《人面桃花》《山河入梦》《春尽江南》获第九届茅盾文学奖。现为清华大学人文学院教授，开设有"小说叙事研究""文学名作与写作训练"等课程。

与马原在序言中所表现出的强烈的感性色彩不同，有着教授与作家双重身份的格非在研读、分析小说时体现出的是学者的冷静与理性。之所以选择"悲情小说"这一类型，是因为在格非看来，"相对于欢悦，苦难的感受记忆更使人铭心刻骨"，"只有认识绝望，才能承担命运"。正如他在中文系的课堂上为学生开列书单时所做的那样，他把文学史上多"悲哀、绝望"主题的作品的原因作了深刻的分析，并且列出了自己编选的三大原则：选一流作品，达"开卷有益"之目的；尽量易读易懂，汰除艰深晦涩之作；兼顾不同流派、不同创作手法的作品。借由一个个内容宏富的小说天地，使读者更深切地体会名家大师们对于"悲情"这一主题的精彩演绎。

此书的书名借用了美国作家索尔·贝娄的一个长篇的标题"更多的人死于心碎"。共收入托尔斯泰、乔伊斯、曼斯菲尔德、卡夫卡、霍桑等作家创作的 14 篇小说，囊括了现实主义、浪漫主义、魔幻现实主义、存在主义等不同形式、不同流派的作品。篇目如下：

（爱尔兰）詹姆斯·乔伊斯的《死者》

（德国）海因里希·博尔的《每日圣诞》

（德国）托马斯·曼的《魂断威尼斯》

（俄国）列夫·托尔斯泰的《伊万·伊利奇之死》

（俄国）米·布尔加科夫的《吗啡》

（奥地利）弗兰茨·卡夫卡的《乡村医生》

（法国）阿尔贝·加缪的《来客》

（新西兰）凯瑟琳·曼斯菲尔德的《花园茶会》

（美国）艾萨克·辛格的《短暂的礼拜五》

（美国）纳撒尼尔·霍桑的《小伙子古德曼·布朗》

（美国）雷蒙德·卡佛的《大教堂》

（美国）伯纳德·马拉默德的《魔桶》

（中国）鲁迅的《在酒楼上》

（中国）废名的《桃园》

※

《彼岸的浪漫》是张承志选定的书名。他的编选主旨与上述两位作家有着明显的区别。他写了一篇长序阐述了自己的小说理想，对浪漫的定义和追寻。

谈及对"浪漫"一词的理解，张承志似乎有很多的话说。1968 年毕业于北京一流的高中——清华附中的他，当年是与同班同学一起"扒上正式被批准的知识青年们坐的大卡车，一路潜伏，强行插队到草原的"，这一行为似乎可以看作年轻的他对"浪漫"的一次追寻。而他选择北京大学历史系考古专业，也是冲着学考古"可以到处跑"的诱惑去的。因此让这样一位具有浪漫精神气质的作家来选"我最喜爱的浪漫小说"自然是再合适不过了。

张承志在序言中将"感动"作为浪漫小说的编选原则。他称这些小说是他心目中"伟大的小说，它们永远地感动着我，它们是给我以人生各个阶段的关键指导的文学遗产"。

他的选篇包括：

（法国）普罗斯佩·梅里美的《嘉尔曼》

（苏联）钦吉斯·艾特玛托夫的《查密莉雅》

（中国）鲁迅的《伤逝》

（中国）冯梦龙的《杜十娘怒沉百宝箱》

（俄国）列夫·托尔斯泰的《哈吉·穆拉特》

佚名的《一千零一夜》

（西班牙）塞万提斯·萨维德拉的《堂·吉诃德》

他原打算选海明威的《老人与海》，毕竟这一名篇曾经使他一时"仔细研读过"，但因译文版权已被某出版社买断，只好放弃。

这些都是使他"镂刻于心"，给他以深刻启发和丰富营养的作品。为了读懂其中"令人类自豪的美文"，他曾经不远万里，去异国他乡一步步踏寻小说中的场景，甚至学习外文，咀嚼原文体会本意。对于苏联作家艾特玛托夫，张承志毫不掩饰自己的赞美与推崇：

"回忆起来，若是没有读过他，可能人生不至于因之残缺，但是那将太可惜了，没有那样读过简直不算读书、没有那种在阅读中被美好感觉浸泡的经历的人，简直太不幸了！"

还有他真正叹服的，在文学性上最佩服的作家梅里美：

"他笔下的小说是不朽的，他笔下的文化也是不朽的。这一切——故事、人物、文化构成了一种美感，别人难想难及，魅力如蚀如刻。"并且正是这位法国作家，给了他关于"浪漫"的启示，影响了他的文学趣味和笔法。

对于世界文学巨匠塞万提斯所塑造的经典人物形象堂·吉诃德，张承志有着自己深刻而独到的理解。他将堂·吉诃德列为浪漫榜上的第一人："这是一种弱者和败者的、无力民众的、被侮辱与被压迫者的骑士。他取胜无期，活该倒霉，一次比一次惨，但他就是不认输。"

身为作家兼学者的张承志是认真的，他在序言中甚至提及了傅雷译本《嘉尔曼》中对人名的译法的粗糙以及对原著中关于语言学例句的删节的不妥，以及《堂·吉诃德》中对于人名译法的简单化处理。

值得一提的是，这些小说均为名家译笔，由草婴、力冈、冯亦代、冯钟璞、傅雷、杨绛等人担纲翻译，文字优美流畅，生动传神，充分体现了原作的神韵。这套丛书在封面设计上也较有特色，采用的是西方文学名著中常用的插图的形式，比较接近所选小说的基调。其中《彼岸的浪漫》的封面选用的是法国插图艺术大师古斯塔夫·多莱创作的铜版画作品：画面中心人物是"龙达的走私贩子和他的情妇"，外形剽悍的汉子骑着一匹骏马，鞍桥上倒挂着一条长枪，身后是偎靠着他的美女，行进在密林深处。这也是张承志非常欣赏的一幅画，他甚至用油画的方式临摹过这幅作品。可见他对这一作品的喜爱程度。

后　记

　　做编辑工作的好处之一是能与这一时代最有创意和智慧的人合作，见识全国乃至全世界的名作者，你甚至有机会接触到对世界产生过重大影响的人物。与他们交流合作，既能扩展你的视野，更能丰富你的人生。尤其是你永远不知道下一个会遇见谁，想想就是件激动人心的事！

　　从 1986 年大学毕业被"分配"到《中国文学》杂志社，正式进入出版行业到现在，一晃，30 多年过去了。

　　以 2001 年为界，我的职业生涯大致可以分为两个阶段：在《中国文学》杂志社，我的主要工作是把当代优秀的作家和作品选编、推介到国外；到了新世界出版社，考虑得更多的是寻找兼顾社会效益与经济效益的选题，因此向名作者们约稿，或者请名家写序、作推荐就成为编辑工作中很重要的一项内容。无论是面向国外受众还是服务于国内读者，有一点是不变的：考验的都是编者的眼光和耐力，所经历的都是切切实实从指间滑过的"纸上岁月"。

　　除了在书柜中陈列的上百本我所编辑或主编的图

书，令我感受最为深切的自然是与众多名家大师的交往合作。岁月不居，时节如流，但作者们的音容笑貌依然历历在目、清晰如昨：奈斯比特的机敏谈吐、季羡林的君子风范、黄永玉的慷慨、杨宪益的谦和、汪曾祺的率真、高晓声的幽默……他们的言行一直在温暖着我，鼓舞着我。事已过，情仍在。趁着记忆犹新，何不把这些名家们的精彩故事写下来"备忘"？抱着这样的想法，我写下了最初的几篇"名家印象"。

在回味与名家大师们愉快合作的同时，我也更为切实地体会到了一个优秀的作者对编辑会产生怎样深远的影响。

如果说根基尚浅的我如今能作出一点点让大家肯定的成绩，也是因为多年来有机会接触这些名作者，能够当面向他们请益，他们的品德、智慧、言行，不断触动、影响着我，使我在不知不觉间得到了微小的进步。在此，我谨向他们表示深深的谢意。

编辑与作者之间的交往也是一种难得的"缘分"。国务院新闻办公室原主任赵启正先生是在我社出书最多同时也是与我合作最久的名家了。从担任他的第一本书《向世界说明中国》的责任编辑开始，我已陆陆续续为他编辑出版了包括《江边对话》中、英文版在内的十本图书。他也是我所认识的最忙碌的作者，经常像"空中飞人"一样在国内外奔忙，平时更有数不清的会议要他参加，有无数的电话、文件需要他处理。但他总能像挤海绵里的水一样挤出时间，简明扼要地与我进行电话、短信或邮件的交流。因为深知编辑工作的辛苦，在看过我发表在报刊上的一些文章后，赵启正先生非常希望我能抽空为自己缝制一件"嫁衣"。在工作的间隙他会时不时地发来短信进行表扬或催促，甚至在书稿尚未"成形"时就慨然允诺：等你出书时我来写序！令我深受感动。正是他一向喜欢"扶老携幼"的品行，多年来不断的鼓励与督促，"催生"出了收录在本书中的长短文章。

我从一位习惯于为他人"做嫁衣"的编辑转身为一本图书的作者，自然也离不开编辑同行们所作的贡献，他（她）们在处理稿件时的细心和耐心令我至今感念。

身处人人互联的时代，似乎谁都避免不了"看"与"被看"的一个循环："你在桥上看风景，看风景的人在楼上看你。"（卞之琳《断章》）类似的情形其实早已被清代浙派诗人厉鹗看清、说透，他在诗作《归舟江行望燕子矶作》中曾这样表述：

石势浑如掠水飞，渔罾绝壁挂清晖。

俯江亭上何人坐，看我扁舟望翠微。

既然我以编辑的角度"看"名家大师的举止言行，我的这些小小篇章自然也属于"被看"的行列。我真诚地期盼着广大读者的审视与评正。